Gerd Schaufuß

Das Traumfisch

Von einem, der auszog um das Leben zu lernen.
Oder: Wehe, wenn Träume wahr werden.

Meine 2 1/2 Jahre auf dem
berühmtesten Schiff Deutschlands

TRAUMFISCH
VERLAG

Aktuelle Infos zum Buch: www.traumfisch.net

Texte und Bilder:	Gerd Schaufuß
Lektorat:	rimi-grafik.de, Celle
	Holger Leue, www.leue-photo.com
	Dr. Johannes Förster
Einbandgestaltung:	damx-design.de, Celle, www.damx.de
Internet:	www.traumfisch.net
E-Mail:	verlag@traumfisch.net

ISBN: 978-3-9817479-0-4

Inhaltsverzeichnis

„Nennt mich Ismael!"[1]

Na, wenn ich solch einen Namen hätte, dann würde ich wahrscheinlich mein Buch auch so anfangen.

Hab' ich aber nicht und deshalb wird das nun doch weniger spektakulär.

Was aber hat nun dieser Spagat da oben mit mir und dem Buch und dem Traumfisch zu tun?

Ich, ich bin im Sternzeichen Fische geboren, was auch immer das bedeuten mag.

Also ist das schon mal der „Fisch" im Wort.

Mein Traum?

Immer schon mal um die Welt reisen. Versuchen, einen Traum zu leben, eigene und fremde Grenzen zu erkunden, Merkwürdiges und Schönes zu berichten.

Vielleicht eben so, wie jener Ismael aus dem Buch.

Schon erklärt sich auf magische Weise das Kompositum „Traumfisch".

Wieso jetzt: „DAS"?

Die Story um meinen Traum findet auf dem wohl berühmtesten Schiff Deutschlands statt:

Es ist die „MS Deutschland" – eben das Traumschiff, dessen Geschichten von Männern immer nur „wegen der tollen Landschaften" im Fernsehen verfolgt werden.

---

[1] Wollt ihr die Gugel-Schreiber bemühen oder glaubt ihr mir, dass der Roman „Moby Dick" von Herman Melville so anfängt?

Und damit nun alles zu meinem Synonym dieser neuen Ära zusammenwächst, habe ich meinen Privatbegriff dafür geschaffen:

„Das Traumfisch"

Man möge mir mit mildem Lächeln diese Wortschöpfung verzeihen und ich bestehe auch nicht auf die Aufnahme in den Duden.

Mit dem stehe ich sowieso auf dem Kriegsfuß, da selbst nach intensiver Rechtschreibreform der Fux, Lax und Dax nicht ihr wohlverdientes „X" bekommen haben und aus einem Portemonnaie (welches sich mit etwas Gefühl aus dem Französischen ableiten lässt) ein Portmonee geworden ist, das nun nicht mehr zu seinen Ursprüngen zurück verfolgt werden kann und somit lieber eine Geldtasche geblieben wäre.

Ich mag Wortspiele und wer mich kennt, der weiß, dass ich so etwas gerne und intuitiv mache und viele warten schon darauf, dass ich es auch immer wieder tue.

Und ich tue es immer wieder gern!

Warum gerade ich?

Also: Ich bin's, der fleischgewordene Fisch, der von Geburt an auf merkwürdige Art und Weise immer wieder versucht hat, sich auf die eigenen Beine zu stellen.

Im letzten Buch[1] habe ich mein Leben beschrieben.

So, wie es verlief und wie es dazu kommen konnte, dass es sich verlief.

Da Sie zu den Glücklichen gehören, die nun endlich die Fortsetzung dieser Odyssee in den Händen halten, dann seien Sie versichert:

Alles, was bis dahin um mich herum passiert ist, wurde einer konsequenten Änderung unterworfen. Meine Lust nach Meer wurde auf wundersame Weise mehr als befriedigt.

Und das kam so:

Damals war ich ständig und immer auf der Suche nach Aufgaben, die mich über meinem geliebten Wasser und somit bei guter Laune hielten.

Die Branche, in der ich selbst ständig nach Arbeit suchte, war und ist auch heute noch, mehr als überlaufen. Programmierung, Webseiten, Werbung und Schulung für alles eben Gesagte.

Klingt eigentlich nach einem vollen Topf, aber meine außendienstfeindliche Abscheu gegen das „Klinkenputzen" hinderte mich oft an der erforderlichen Anzahl an Aufträgen, sodass am Ende des Geldes leider oft immer noch ein wenig Monat übrig blieb.

---

[1] „Wenn Fische laufen lernen". Großartige Lektüre für eigentlich alle.

Und dann haben auch noch ein paar Größenwahnsinnige (wer auch immer das war) an einem 11. September die komplette Weltwirtschaft ins Wanken gebracht. Nun hatten auch die kleinen Fische, die sich meiner Dienste sonst bedienten, einige Luftnot und das Wasser sank Ihnen unter den Hals. Also musste ich mal wieder schau'n, wie ich mich den Monatsenden gefahrlos nähern konnte.

Dass mein Sternzeichen Fische ist, habe ich im letzten Buch mit den damit verbundenen Unwägbarkeiten, Umwegen, Trials and Errors, Hin und Hers und Auf und Davons wohl hinreichend beschrieben. Also musste ich mit dieser Lebenserfahrung wieder eine neue Herausforderung angehen.

Es begab sich also zu jener Zeit, da ich als Freelancer bei einer Ausbildungsorganisation in Celle einen Job als Lehrer für Kids zwischen Schule und Ausbildung annahm. Die Aufgaben waren eigentlich so ziemlich ausfüllend und abwechslungsreich.

Doch dann entstand eines Sommers eine Lücke, die ohne mich am besten zu füllen war, denn es gab nichts zu tun.

Das berüchtigte und sogenannte „Sommerloch" würde mir eine erwerbslose Zeit von mindestens 8 Wochen einbrocken und dagegen musste ich was tun.

Wer nicht wirbt, der stirbt

Mal wieder unsinnige Bewerbungen schreiben.

Unsinnig deshalb, weil ich einfach zu vielseitig war und mein Lebenstacho schon über 50 anzeigte. Das heißt für jeden Firmenchef: Der kann sich nicht unterordnen, spickt auf den Chefsessel und weiß von jedem Gebiet eigentlich nur immer ein klein wenig.

Außerdem werde ich wohl jede zweite Woche wegen Krankheit zu Hause bleiben und mir so den Rest bis zur Rente sichern.

Kann ich, wenn ich ganz ehrlich bin, nachvollziehen. Hilft mir jedoch in meiner Lage unwahrscheinlich wenig weiter.

An dieser Stelle: Her mit denen, die immer behaupten, dass nur Leistung zählt. Wenn immer Absagen kommen, die eindeutig auf dem Papier-Alter geruhen, dann gibt es keine Chance zu zeigen, was hinter dem Papier wirklich steckt.

Die Suchmaschine im Internet mit den gefälligen Oo's wurde bemüht:

Jobs in Schleswig-Holstein gesucht. Ich wollte ans Meer.

Ein Wohnwagen war mein Zuhause.

So konnte ich einem potenziellen Arbeitgeber bei der Frage: „Wann können Sie anfangen?" mit dem vorbereiteten Spruch kontern: „Jederzeit, ich wohne bereits vor Ihrem Haus!"

Ich war bereit!

Die Leute mit den Oo's brachten mir aus ihren geclusterten[1] Speicherzellen ganze zwei Ergebnisse:

Notstromgeräte-Wartung und, hallo?!?, *Elektroniker auf der MS Deutschland!*

Meine Reaktion auf diese Wahnsinnsmenge von Angeboten: Zwei Bewerbungen losgeschickt und das Ergebnis im Kopf eigentlich schon abgehakt: „Bestimmt mal wieder vergebene Liebesmühe!"

---

[1] Ein Verbund aus vielen eigenständigen Computern

Doch dieses Mal meldete sich eine Jobmaschine mit Namen „Mar...angebote.de"[1]:

„Sehr geehrte Leserin, sehr geehrter Leser,
Mar...angebote.de dankt Ihnen für Ihre Bewerbung. Wir hoffen, dass Ihre Bewerbung erfolgreich sein wird. Wenn Sie mehr über den Fortgang Ihrer Bewerbung wissen möchten, raten wir Ihnen, Kontakt aufzunehmen mit der Firma, bei der Sie sich beworben haben.
Mit freundlichen Grüßen,
Mar...angebote.de – Makes The Net Work!"

Aha, mal was Neues. Na denn, erst mal abwarten und Tee trinken, nix verschütten und dann einfach mal diesem gut gemeinten Ratschlag folgen.

Wie hieß denn die Firma noch gleich? Hatte ich das Anschreiben schon der Schwerkraft geopfert?

Moment, das war doch was ganz Abgefahrenes. Irgendwas mit einem Schiff, nein, mit dem Schiff, *mit dem Traumschiff.*

Ich wusste gar nicht, dass sich eine Fernsehkulisse für „normale" (bin ich's, bin ich's nicht?) Menschen interessieren würde.

Na, dann mal die Tastatur aufgeklappt und eine erneute Mail diesmal direkt an die Fernseh-Reederei geschickt.

---

[1] Die wahre Adresse wird bei Einverständnis von „Maritime Stellenangebote" gerne mitgeteilt.

Kontakt

„Sehr geehrte Damen und Herren,

in der letzten Woche hatte ich mich schon über ‚mar...
de' bei Ihnen auf den Job *Elektroniker* beworben. Bis jetzt
hatte ich nur eine Rückmeldung dieser Stellenbörse mit
dem Hinweis:
„Wenn Sie mehr über den Fortgang Ihrer Bewerbung wissen
möchten, raten wir Ihnen, Kontakt aufzunehmen mit der
Firma, bei der Sie sich beworben haben."

Seitdem habe ich mich sehr mit dieser Stellenbeschrei-
bung auseinandergesetzt und bin mir sicher, dass durch
die vielfältigen Anforderungen dieser Arbeitsplatz für mich
die Erfüllung meiner beruflichen Karriere bedeuten würde.
In Zusammenhang mit maritimen Kenntnissen und Leidenschaften kommt das dem Begriff ‚Traumberuf' doch schon
verdächtig nahe.

Sehr gerne möchte ich in einem persönlichen Gespräch
mit Ihnen die Details meines Werdegangs und die daraus
entstandene Eignung gerade für diesen Job darlegen.

Ich bin per sofort einsetzbar und freue mich auf eine positive Rückmeldung."

Eine Woche verging. So wie jede Woche verging, in der ich
auf Rückmeldungen zu Bewerbungen gewartet habe.

Arbeitgeber droht mit Anstellung

Nichtsahnend sitze ich also bei einem gemütlichen Essen mit Frau und Kindern.

Das Unerwartete: Mein Handy möchte etwas von mir – kein Name, nur 'ne Rufnummer aus dem Norden:

„Hier ist die Deilmann Reederei, wir möchten Sie gerne nächsten Mittwoch zu einem Vorstellungsgespräch einladen."

Mein Herz sagte: „Bumm, bumm, de, bumm ..."

„Ja, OK, natürlich, gerne ..."

Eine Chance, eine richtige Chance für einen Start in ein neues Leben in einem Umfeld, in dem ich mich noch nie bewegt hatte.

Ich traf (selbstverständlich pünktlich) bei der Deilmann-Reederei ein.

Sehr netter und problemloser Empfang.

Frau N. (die gute Seele) und Herr M. (Sicherheits- und Personal-Chef) sitzen mir gegenüber.

Herr M.: „Sind Sie sicher, dass Sie wirklich solch eine lange Zeit auf einem Schiff arbeiten wollen?"

„Ja – ich will!"

Herr M.: „Können Sie mit Kaffeemaschinenelektronik, Kassensystemen, PCs, Telefonen und Brückentechnik umgehen?"

„Ja, kann ich."

Herr M.: „Ich bin hier fertig, Frau N., machen Sie mal weiter."

Tschüß.

Frau N. gibt mir Unterlagen, was ich alles für die Einstellung zu erledigen habe:

- Seediensttauglichkeitszeugnis in (Hamburg)
- Seefahrtsbuch (Hamburg)
- Erste-Hilfe-Kurs (Celle)
- Anprobe Uniform (Hamburg)
- Impfungen für die ganze Welt (Celle)
- Kurse Basic Safety & Crowd Management (Rostock)
- Visum C1-D (Berlin)

Abschluss des Gesprächs:
Sie melden sich Freitag in 8 Tagen, ob ich genommen werde.

Mein Kopf ist in Watte gepackt. Ist das jetzt alles passiert? Im Prinzip schon, eigentlich wollen sie mich doch, oder???

„Vorsichtshalber" habe ich mich schon mal zum Erste-Hilfe-Kurs angemeldet. Der war in Celle beim Roten Kreuz und ging Samstag und Sonntag von 8 bis 16 Uhr. Der erste Tag ist vollbracht und hat eigentlich Spaß gemacht. Ich hatte dann am nächsten Tag, ohne jemanden vorsätzlich oder fahrlässig zu töten, diesen Schein schon mal in der Tasche. Was man hat, hat man. Und wer weiß, was ich noch alles machen muss, wenn ich genommen werde.

Sechs Tage vergingen. Es waren noch drei bis zum versprochenen Freitag.

Das Handy klingelt: Reederei Deilmann (mittlerweile war die Nummer ein Name geworden)

Frau N. ist dran: „Wir wollen Sie nicht länger quälen ..."

OK, sie sagen ab ...

Frau N.: „Sie warten bestimmt schon auf eine Antwort von uns und deshalb belohnen wir Sie heute schon mit der Zusage für den Job!"

Wow – das bedeutet Sekt!!!!!!!

Metamorphose zum Seemann

Knapp zwei Wochen vergehen. Alles Mögliche muss jetzt berücksichtigt werden. Ich will ja nicht wegen irgendeiner Formalität zusehen, wie mir das Schiff meiner Träume vor der Nase abfährt …

Dann wollen wir mal sehen, ob ich überhaupt tauglich bin! Ich habe morgens um 9 Uhr in Hamburg beim Seeärztlichen Dienst meinen Termin.

Der Blutdruck ist automatisch höher, der Puls schneller – als wenn es das erste Mal wäre.

OK, es ist das erste Mal. Aber alles ist gut: Ohren, Augen, Body und einmal durchgeleuchtet. Kein Schatten umnachtet mich. Wäre auch noch schöner, so als Nichtraucher …

Und wenn ich schon in Hamburg bin, dann werde ich auch noch bei mal bei einem renommierten Fachhandel meinen frisch tauglichen Seemannsleib vermessen lassen. Für die Uniform, die ich, wie ich später merken sollte, eigentlich nur dazu benötige, um mich standesgemäß in den Abendstunden auf dem Schiff unter die Gäste mischen zu dürfen.

Alles erledigt und hinterlegt. Ich muss jetzt nur noch „OK" sagen, dann wird die Uniform direkt an Bord geliefert.

Nächster Weg zum Seemannsamt. Jetzt werde ich „Seemann" und bekomme mein erstes Seefahrtsbuch. Ein kleines Ding worin später „Große Fahrt" eingetragen wird!

Nächstes Attentat: Ich werde perforiert. Nein, kein Seemanns-Tattoo, die Nadelstiche dienen kleinen Helferlein dazu, ungebremst durch meine Haut zu kommen und mich gegen solch lästige Sachen wie Tetanus, Diphtherie, Keuchhusten, Polio, Hepatitis A+B und Gelbfieber zu schützen. Da bekommt man das erste Mal einen kleinen Vorgeschmack, worauf man sich eigentlich eingelassen hat.

Kein Grund um jetzt Ruhe einkehren zu lassen.

Zwei Tage später beginnt der Ernst der Seefahrt. Am Sonntag geht's los und ich fahre nach Rostock in den Fischereihafen. Es ist 16 Uhr und gemeinsam mit zwei Damen von der AIDA werde ich von Günther, dem Käpt'n unseres Wohnbootes „Serena" empfangen und gebrieft.

Jetzt schon auf's Schiff? Der Lehrgang fängt wirklich früh an, mich auf die Enge an Bord einzustimmen. Aber es war nicht wirklich problematisch, ich hatte schließlich zuvor schon ein paar Monate in meinem kleinen Wohnwagen gelebt. Ich war also eigentlich gut vorbereitet!

Safety First

Der Kurs heißt „Basic Safety & Crowd Management" und beginnt den nächsten Morgen gleich um 8 Uhr.

Bevor man als Mitglied der Crew ein Schiff betreten darf, bekommt man alles über das Verhalten an Bord, die Sicherheitsvorkehrungen und den Umgang mit den Menschen, die einem anvertraut werden, beigebracht.

Ich teile mir eine kleine 2-Mann-Kabine mit Andreas. Er ist Musikalischer Leiter auf der MS Europa.

Es bleibt sogar noch Zeit, um nach Warnemünde auf ein standesgemäßes Fischbrötchen zu fahren.

Wer noch nicht in Warnemünde war: Hier werde ich bestimmt noch mal in Ruhe ein paar Tage verbringen.

Weißer Strand und Palmen – cool.

1. Tag

Unser Lehrer heißt Willi und hat alles ab sofort und immer im Griff. Genial. Wir sind 38 Teilnehmer und werden in zwei Praxis-Gruppen aufgeteilt.

Unsere hat heute Nachmittag „Freifallboot"- und „Person über Bord"-Training.

Ein Freifallboot ist eigentlich wie eine Schiffsschaukel ohne Schaukel. Man wird vom höchsten Punkt, der war so ungefähr in 10 m Höhe, einfach ausgeklinkt und saust dann ungebremst in's Wasser. Juuuuuchuuuuuuuuuu – Freifallboot ist wie Freizeitpark. Aber wir dürfen jeder nur einmal ...

Person über Bord[1] ist cool, weil jeder einmal mit dem Boot fahren darf. In Ermangelung echter Personen wurden alle Rettungsringe „gerettet".

Vielleicht ganz gut, die Idee mit den Ringen, denn der ein oder andere Gefallene hätte nach der Überquerung mit dem Rettungsboot dann wohl doch eher mit einem Kescher eingesammelt werden müssen.

2. Tag

Heute Nachmittag wird's feucht:

Überlebenstraining mit Neopren-Anzug und Erklimmen und Aufrichten von Rettungsinseln.

Wenn der strenge Geruch der Anzüge nicht gewesen wäre, hätte es bestimmt noch mehr Spaß gemacht. Wir treiben in Formationen durch das Hafenbecken und hätten wohl im Synchronschwimmen eine gute Figur gemacht. OK, die B-Note wollen wir hier mal außer Acht lassen.

Und wir haben ziemlich viel gelacht.

---

[1] Eigentlich kennt man das immer nur als „Mann über Bord", aber in der heutigen Quotenregelung steht, dass auch Frauen das Recht haben, das Boot vor dem Einlaufen in einen Hafen unfreiwillig zu verlassen.

Die größte Strapaze war das Aufrichten der Rettungsinsel.
Mit dem Anzug war das riiichtig schwer.

Als ob es nicht schon genug gewesen wäre, mit dem
Teletubby-Anzug in die Rettungsinsel zu kommen, wurde
diese für jeden und jede (ja, alle Frauen hatten exakt
dieselbe Aufgabe wie die Männer) kunstgerecht wieder
auf den Kopf gedreht und musste mit viel Anstrengung,
Geschicklichkeit und Missversuchen wieder aufgerichtet
werden.

Am Abend hatte ich tierischen Muskelkater vom „Paddeln".
Ich konnte kaum schlafen die Nacht. Die Damen der Schöpfung gingen durch den Parcours wie selbstverständlich. Ich
muss erstaunt feststellen, dass es hier keine „ich bin doch
ein Mädchen" Sprüche gab.

Dem „schwachen" Geschlecht hier noch mal meine höchste
Anerkennung!

3. Tag

Heute ist Brandbekämpfung mit allen Mitteln.

Lustig war der IFEX 3000, eine Wasserkanone mit richtig „Bums". Besonders lustig, zum Glück aber ungefährlich, war es, wenn eine zierliche Person nichtmännlichen Geschlechts dieses Gerät in die Hand nahm und bei unvorsichtiger Standweise beim „Abschuss" einfach nach hinten umfiel.

Und dann ging es in die „Höhle des Willi", dem Brandschutzcontainer für die Löschübungen mit Flash-Over[1] und allem, was einem das Leben so schwer machen kann. Ich glaube, ich habe bei Willi ab und zu kleine Hörnchen an der Stirn sprießen sehen, aber es kann sich nur um eine optische Täuschung gehandelt haben.

Wir kamen ungegrillt wieder zum Vorschein ...

Für den Ernstfall hat man jetzt eine kleine Routine und vor allem den nötigen Respekt vor dem Feuer als Grundlage für das richtige Verhalten. Gutes Gefühl!

---

[1] Wenn ein Brandherd auf einmal Luft bekommt und dadurch mit Wucht auf einen zurast. Es gab dazu mal einen imposanten Spielfilm.

4. Tag

Auch 4 anstrengende Tage gehen mal vorbei.

Heute ist Prüfungstag. 62 Punkte gilt es zu erreichen …

Aber erst wird noch Crowd-Management[1] unterrichtet.
Sehr informativ.

Die Prüfung:

Wir haben den Abend zuvor gemeinsam gesessen, gelesen,
abgefragt, geübt und versucht, uns alles gut einzuprägen.
Wird es reichen oder ist irgendwas übersehen worden?

Ansehen – Ausfüllen – Abgeben – Geschafft!

Vielen Dank Willi. Dieser Kurs war ein toller Einstieg in
meinen neuen Beruf.

Schon den nächsten Montag bin ich wieder unterwegs.
Beim Amerikanischen Konsulat in Berlin.

Ich brauche ein C1-D[2] Crewvisum. Den D160-Antrag habe
ich im Internet ausgefüllt (nachdem ich 10,-$ für die PIN
ausgegeben habe). Nochmal 115,-€ bezahlen und für den
8 Uhr Termin vor dem Gebäude anstehen.

Um 7 Uhr 30 bin ich da und pünktlich um 8 tatsächlich am
Schalter. Um 9 Uhr ist ein sogenanntes „Interview", danach
bin ich fertig und kann wieder atmen.

Es ist, ehrlich gesagt, eine ziemlich demütigende Angele-
genheit, im eigenen Land selbst bei strömendem Regen vor
diesem Konsulat zu stehen und wie ein Bittsteller jedem

---

[1] Crowd = Menge. Wenn's richtig ernst wird, dann muss man wissen,
wie eine aufgeregte Menschenmenge sicher und ruhig dazu gebracht
wird, das Richtige zu tun. Hier gilt besonders: In der Ruhe liegt die
Kraft!

[2] Das Transitvisum (C-1/D Visum) wird ausländischen Staatsangehö-
rigen ausgestellt, die bei einer Fluglinie oder einem Schiffstrans-
portunternehmen (Reederei) angestellt sind und regelmäßig die USA
anfliegen bzw. anlaufen und/oder die USA als Transit in ein Drittland
benutzen.

Augenzwinkern und jeder Aufforderung nachzukommen, damit man dieses Visum bekommt.

Ich fühle mich von diesen „Herren der Welt" ziemlich herablassend behandelt!

Trotz allem: 2 Tage später liegt mein Reisepass mit dem ersehnten Visum bei mir im Briefkasten.

10 Jahre Ruhe bis zum nächsten Antrag!

Alles gemacht, erledigt, gelernt, gepiekst.

Jetzt heißt es warten auf das magische Datum:
Am 20.10.2010 werde ich eine neue Welt betreten. Eine Welt, die man sich zwar ausmalen kann, aber es ist noch eine ganz große Wattewand dazwischen.

Was wird einen erwarten, wie viele Spucktüten werden mich bis zum Erlangen der Seetauglichkeit begleiten?

Ich habe schon einiges unternommen, aber solch einen Einschnitt in mein Leben hatte ich zuletzt beim Eintritt in die Bundeswehr.

Selbst ausgesucht! Also nicht rumzimpern sondern auf die neue Herausforderung freuen und „Tschaka"[1] denken!

Hat schon mal jemand von euch vor einem 2-Wochen Urlaub die Koffer gepackt und dabei nicht das ständige Gefühl gehabt, das Wichtigste vergessen zu haben?

Mein „Urlaub" sollte 4 ½ Monate dauern!

---

[1] Aus Wikipedia: „Der Tod des bulgarischen Zaren Nogais um 1299 löste zwischen seinen Söhnen Tschaka Nogai und Toktai Kämpfe aus. Tschaka verlor und flüchtete im Herbst 1299 mit seiner Frau und Todor Swetoslaw nach Bulgarien, wo er den Thron von Iwan IV. Smilez einnahm. Noch 1300 stürzte Todor Swetoslaw Tschaka vom bulgarischen Thron und ließ sich durch den Boljarenrat, dessen Mehrheit er sich davor sichern konnte, zum bulgarischen Zaren ausrufen."
Ob das jetzt was mit meinem „Tschaka" da oben zu tun hat? Keine Ahnung, aber ist doch interessant, oder? Auf alle Fälle hätte der mal sagen sollen: „Tschaka – du schaffst das!"

Es ist soweit !!!!!

Die erste Heuer

Abflug Hannover: 6 Uhr, Zwischenlandung Frankfurt und dann weiter nach Nizza. Ankunft 10.30 Uhr

Am Flughafen werde ich exklusiv zur MS Deutschland geshuttelt. Kam mir vor, wie ein VIP! Dazu noch grandiose Landschaften bis Monte Carlo.

Dann komme ich um die letzte Kurve und mein Herzschlag ist weit entfernt von der Nulllinie.

Da liegt sie, die weiße Königin. Sieht einfach edel aus.

Alles an Bord geht fast wie von selbst:

Johanna, die Crewpurserin gibt mich an Kai, den aktuellen Elektroniker, weiter.

Ich dackele hinter ihm her, wie eben dieser kleine Hund und nachdem ich alles gezeigt bekommen habe, habe ich auch überhaupt keinen Plan mehr, wo ich mich überhaupt befinde ...

Ich mache mich allein auf den Weg und lege bestimmt fünf Kilometer auf dem Schiff zurück ohne so recht zu wissen, wo ich denn vorher schon einmal war.

Kennen gelernt habe ich alle: Den Käpt'n, sämtliche anderen Offiziere und Techniker.

Und: Ich bin beim Ablegen auf der Brücke dabei! Coole Sache und der Käpt'n hat sogar meinen Namen behalten ...

Nach diesem Wahnsinnstag nur noch ausruhen für morgen.

Gute Nacht, neue Welt.

Der erste Tag

7.15 Uhr – Aufstehen, duschen und los geht's.

Um 8.30 kurze Sicherheitseinweisung mit dem Sicherheitsoffizier. Danach die kleinen Wehwehchen der Elektronik abarbeiten. Auffrischen der Kenntnisse über meine neue Umgebung und immer noch irre ich umher, aber es wird schon gezielter.

So vergeht der Tag mit den verschiedensten Aufgaben.

Ich habe mir für 2 Uhr Nachts den Wecker gestellt, damit ich die Durchfahrt der Straße von Messina bewundern kann.

Das erste Mal sehe ich, wie ein Lotse an Bord kommt. Der Mär, dass alle Türen eines Schiffes während der Fahrt verschlossen waren, wurde hier endgültig der Wahrheitsgehalt entzogen. Aber alle passten ja ganz doll auf!

8 Uhr, der neue Tag beginnt in Catania im Hafen, aber irgendwie habe ich noch gar keine Lust zum Schauen. Es gibt genügend Neues zu lernen und darauf muss man sich schon ganz schön konzentrieren. Bin ja schließlich nicht zum Vergnügen hier.

Und der Tag besteht heute aus: Lernen – Laufen – Saufen, denn ab 23 Uhr ist Crew-Party achtern[1] auf Deck[2] 5. Für die ganz Neugierigen unter euch: Das ist bei uns hinten das offene Deck, auf dem die Leinen und Winden zum Festmachen sind.

Alle sind da, inklusive Käpt'n und Doc. Es gibt reichlich Nahrung in fester und flüssiger Form und Musik aus der Retorte.

---

[1] Achtern = Hinten

[2] Es gibt auf einem Schiff keine Etagen sondern Decks. Dieses wird aus dem Begriff „Abdecken" abgeleitet. Ein Deck ist per Definition eine Abdeckung, die begehbar ist.
Ein schöner Nebeneffekt ist, dass das Deck im Englischen auch Deck heißt, obwohl das nun überhaupt nicht von „to Cover" ableitbar ist.

Mein Ruhebedürfnis und schlechte Erfahrungen aus früheren Zeiten haben mich dann schon um 2 Uhr ins Bett geschickt, der harte Kern ging natürlich später …

Mein erster Sonntag

Es gibt eigentlich keinen Sonntag auf einem Schiff. Und ich bin ja immer ein wenig auf der Suche nach der Lösung eines Problems, wenn ich denn eins erkenne:

Woran erkenne ich, dass Sonntag ist?

Es ergab sich eine ganz pragmatische Verhaltensweise, die ich von der ersten Woche an konsequent gepflegt habe: Meine Arbeitskleidung war ein – na sagen wir mal bordeauxroter – Overall. Diesen konnte ich bei fast allen Lebenslagen auf dem Schiff tragen, um zu zeigen: Ich bin da, ich bin bereit, ich heile eure Wunden (elektronischer Art, versteht sich).

Alternativ dazu gibt es dann den Ich-bin-am-Arbeiten-Überzieher auch in der gefälligen Farbe „weiß".

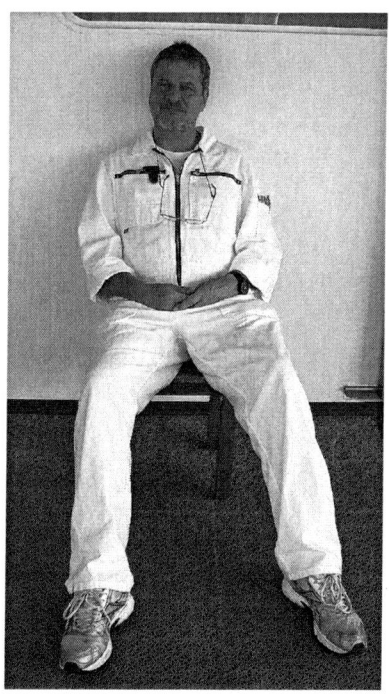

Ein Overall wird nun überall (daher wohl der Name) auch mal schmutzig und muss dann overall gesäubert werden.
In der Zeit der Häutung schlüpfte ich also in die Weißwurst und legte auf mag- und opt-ische Weise nach und nach ein komplettes Schiff auf meine periodischen Waschungen fest.

Den immer häufiger zu hörenden Ausruf: „Ach, heute ist wieder Sonntag" konnte ich dann auch mit einem doppelt wahren „Ich weiß!" kontern.

Diese Verhaltensweise habe ich so zur Perfektion getrieben, dass sogar ich jetzt nach einem Blick in den Spiegel automatisch weiß, wann Sonntag ist!

Die nächsten Tage brachten nach der wunderschönen Fahrt durch den Bosporus einige weniger freundliche Tage im Schwarzen Meer. So bekam ich das erste Mal auf dem Traumschiff mit, dass nicht alles per Standortverschiebung schön gemacht werden konnte. Es wurde regnerisch, es wurde kälter und das schicke Gefühl, eine warme Kammer[1] zu haben war schon sehr angenehm.

Mir sollte später noch klar werden, dass mir nach dem gut zu kompensierendem „Kalt" ein „Heiß und Schwül" viel mehr zu schaffen machen würde.

---

[1] Die Verniedlichung von Wohnung > Zimmer > Kabine > Kammer dient wohl dazu, dass der zur See Fahrende nicht übermütig ob seiner Lage wird.

24/7 und täglich grüßt …

So ist auf der Kammer auch genug Muße vorhanden, dass ich einfach mal den Ablauf eines Seetages schildern kann:

Um 7 Uhr piept mein Wecker.

Eine schöne heiße Dusche (das ist hier ein wahrer Luxus) und ab zum Frühstück. Man kann hier immer Bacon and Eggs und Würstchen bekommen, wenn man will. Aber ich habe ganz schnell wieder auf Schmalkost umgestellt, sonst komme ich später nicht mehr aus dem Schiff ;-)

Von 7.45 bis 8 Uhr ist Meeting im MKR[1]

Aus der Telefonzentrale die Abrechnung aller Telefonate vom Vortag an die Rezeption (Rezi) schicken.

Genau dort dann vorbeischau'n und die angefallenen Arbeitsaufträge aus dem Postfach nehmen. Hier sammeln sich die Wehwehchen des Schiffes, der Gäste und der Crew.

Jetzt mit voller Kraft und nach Prioritäten sortiert die Aufträge abarbeiten. Dabei kommt man so langsam dahinter, wann man die Klagenden am besten nicht gerade unter der Dusche erwischt.

Dann ist von 10 bis 10.20 erstmal „Smoketime" (oder noch'n Kaffee für Nichtraucher).

Anschließend wird die Zeit bis zum Mittag sinnvoll an dem gearbeitet, was noch nicht fertig war, oder nach dem erneuten Besuch des stets Arbeitsaufträge gebärenden Elektroniker-Postfachs wieder aufgelaufen ist.

---

[1] Zum Angeben benutzt man natürlich, auch in der Seefahrt, Abkürzungen. So kann man nach Benutzung einer solchen die Augen von Uneingeweihten beobachten, um sie dann mit ausholenden Gesten und Beschreibungen dazu zu bringen, aus dem „MKR" einen „Maschinen-Kontroll-Raum" werden zu lassen, den sie dann ganz selbstverständlich dem nächstbesten unwissenden Gegenüber auf genau diese Art und Weise weitervermitteln.

Damit wir nicht vom Fleisch fallen: von 12 bis 13 Uhr ist Mittag mit reichlich Essbarem. Alles nicht direkt nach Schonkostmanier zubereitet, aber es bleibt meist die Wahl zwischen zweimal mit Fleisch und einmal ohne.

So, jetzt aber rangehauen, damit um 15 Uhr nochmal kurz ein Käffchen geht.

Um 17 Uhr ruft auch schon das Achterschiff. Auf Deck 4. Der geschulte Leser wird vermuten, dass dieses diesmal unter dem schon beschriebenen Deck 5 liegt. BINGO!

Hier steht schon ein gut gekühlter Kasten mit feuchten Naschereien aus der Stadt Bremen bereit: ARBEITSNACH-BESPRECHUNG!

Dann um 18.30 zum Abendessen.

Hier trifft man sich meist zu einem entspannenden Gespräch über den vergangenen Tag oder das, was noch kommen mag. Nicht selten ist so schnell mal eine Stunde vergangen.

So ist der Tag vollbracht.

Kann natürlich sein, dass nochmal der Pager[1] ruft, aber das ist nach wiederholten Ermahnungen der (diese Dinger anwählenden) Crew nicht mehr so oft ohne zwingenden Grund der Fall.

---

[1] Pager ist meiner Meinung nach die Ableitung des griechischen „Phage = Fresser". Denn seine Kunst, einen mitten in einer relaxten Lebenslage mit seinem monotonen „piep-piep-piep --- piep-piep-piep --- piep-piep-piep" zu erwischen, frisst an den Nerven.
Also kurz und gut: Aus „Neurophage" ist wohl einfach „'n Pager" geworden.

Sind wir noch zu retten?

Heute ist Übungs-Tag.

In Bordsprache heißt das „Generalmanöver" (obwohl, müsste das in der Seefahrt nicht eigentlich ein Admiral sein?).

Damit im Ernstfall alles klappt, wird natürlich auch geübt.

Wir haben die Info bekommen, dass eine Bombe an Bord ist. Wer jetzt an die Traumschiff-Serien mit den Eisbomben denkt: Nein, eben nicht diese, aber auch keine richtige. Eine Attrappe. Und nicht „den blauen oder roten Draht". Nein, einfach nur finden und melden. Also wird erst die eigene Kabine durchsucht, dann der eigene Arbeitsbereich und danach findet man sich auf dem vereinbarten Sammelplatz ein.

In meiner Tätigkeit bin ich dann auf der Brücke eingeteilt und muss die Meldungen der verschiedenen Teams entgegennehmen.

Wenn es dann ganz ernst würde und das Schiff verlassen werden muss, bin ich zusammen mit den Brückenoffizieren und dem Käpt'n der Letzte mit auf dem Schiff – Na ja, eben Kinder und Frauen und der Rest zuerst und ich darf auf gar keinen Fall aus Versehen in ein Rettungsboot fallen.

Landgang

Strahlender Sonnenschein und mit der Arbeit schön früh fertig: Ab in die Stadt. Istanbul – welch magischer Name.

Ich bin heute mal mit „Fliege" losmarschiert.

Ach Fliege, du bist schon ein merkwürdiger Kauz. Falls du das hier liest: Es war schön, einen solchen Typ wie dich kennen gelernt zu haben!

„Fliege" war Seemann seit vielen Jahren und schon auf der ganzen Welt rumgekommen. Und diese Jahre hatten dann auch schon gewisse Eigenarten in ihm entwickelt – wie sie sich bestimmt bei jedem entwickeln müssen, wenn er zu lange dem besonderen Umfeld der Seefahrt ausgesetzt ist.

Wir schlenderten vom Schiff in die Stadt. War nicht weit. Aber zu Fuß ist er kaum schneller, als manches alte Mütterlein. Eben ein begnadeter Raucher! Keucht schon bei der kleinsten Anstrengung. Rauchen schadet seiner Gesundheit und meinem gewohnten Tempo.

Zu zweit sind wir dann auch mal durch schmale Gassen gegangen, das hätte ich allein wohl nicht gemacht. Bei einem Kuaförü (hört sich doch seltsam bekannt an, oder? ;-) hat er sich erstmal rasieren lassen.

Das habe ich im Bild festgehalten, das „Etablissement"
muss man gesehen haben.

Erst nachdem wir wieder an Bord waren, habe ich mitbekommen, dass ein Selbstmordattentäter nicht weit entfernt
eine Bombe gezündet hat und das hat 23 Opfer gefordert.
Wenn ich das vorher gewusst hätte, wäre ich bestimmt
nicht losgegangen.

Aber schon im letzten Buch habe ich das „wenn" und „hätte" und deren Bedeutung für mich ausführlich abgearbeitet. Wer es noch nicht hat: Es heißt „Wenn Fische laufen lernen" und ist ein „Must have"[1] für den Fische-Geborenen, dessen Angehörige, Freunde oder Feinde.

Na, dann wollen wir mal sehen, was sonst noch auf der Welt los ist. Scheint ja ‚ne wilde Reise zu werden.

Da geht's lang

Wir sind heute unterwegs von Istanbul nach Rhodos.

Es ist ein „Seetag" und ein ganz besonderer Techniker, der sich wie kein anderer mit Satellitenanlagen auskennt (Ja, Oli, ich meine dich!), möchte gerne einmal die neue Antenne in einer vollen Umdrehung testen.

Wie kann man das machen? Na ganz einfach: Wir beantragen einen Vollkreis mit der Deutschland zu fahren!

Ist schon cool. Wir wünschen uns eine Rundfahrt und schon geht es los.

Damit's nicht so ganz langweilig wird: Inklusive Panoramafahrt um die griechische Insel Psara. Ein großer Felsen mit 500 Einwohnern.

So fuhr das Traumschiff mal ganz allein für uns!

Und weiter geht es auf der Reise nach Osten. Wir fahren nach Zypern. Genauer nach Limassol.

---

[1] Neudeutsch für „Geht kein Weg dran vorbei!" oder „Wenn du das nicht besitzt, wirst du gemieden wie die Pest"

Limassol ist einer der größten Ausflagghäfen[1] der Welt. Ist zwar keiner hier zu sehen, aber die (Papier)-Schiffe laufen von hier aus steuerfrei …

28 °C – und wir fahren jetzt erst nach Ägypten (sweat).

Es ist mal wieder Sonntag, nach „heiß" eben „weiß".
Um 11 Uhr ist wieder Frühschoppen, Hühnerbeine mit Kartoffelsalat und der Herr Duckstein stattet uns einen feuchten Besuch ab.

Heute Morgen sind wir planmäßig in Katakolon angekommen. Doch keine Chance, in den Hafen zu kommen, denn der Wind hat plötzlich von Windstärke 4 auf 8 bis 9 aufgefrischt und wir konnten nicht anlegen. Schade, hätte heute gerne mal an Land eine schöne gegrillte Dorade mit frischem griechischem Salat gegessen.

So haben wir mit einem (fast schon) Notmanöver (inkl. Backbord-Anker!) den Rückzug angetreten und sind jetzt auf dem Weg nach Salerno.

Da werde ich den Fisch nachholen.

Die See ist, genau wie ich, aufgewühlt und ich merke zu ersten Mal, dass ich auf einem Schiff bin.

---

[1] Um sich der Geißel von sozialen Abgaben, Versicherungen, Auflagen, Steuern und was noch so am ungehemmten Geldverdienen hindert, zu entziehen, registrieren sich viele Firmen in Ländern mit fremder Flagge – Sie „flaggen aus". Aber diese „Heimathäfen" werden dann nicht zwangsläufig für diese Schiffe zur richtigen neuen Heimat. Mehr wohl so 'ne Art Briefkasten.

Sing wie du noch nie gesungen hast ...

Heute Abend mache ich beim „Crew Shanty Chor" mit! „Geübt"[1] wird ab 21.30, Auftritt um 22.45 im Kaisersaal.

Nachdem also die Übungsphase erfolgreich absolviert wurde, kam die Interpretation von „Nimm mich mit, Kapitän, auf die Reise", „Was trinken die Matrosen", „My Bonny is over the Ocean" und ähnlichem Liedgut einigermaßen verständlich über unsere gut geölten Lippen, jedoch fiel die nicht geprobte „Choreographie"[2] bei dem herrschenden Seegang einigermaßen asymmetrisch aus.

An dieser Stelle muss ich einfach mal ein riesiges Kompliment an unser Showballett machen, dem selbst solche Wellen, bei denen zu gut gefüllte Suppenteller ihre Substanz verlieren, überhaupt nicht anzumerken ist.

Als Highlight dieses Auftritts gab es dann noch Steward Eddys „It's now or never"und „New York, New York", zu dem unsere Choreo Teil II aufgeführt wurde.

---

[1] Das Üben von seemännischem Gesang unterscheidet sich ein klein wenig vom herkömmlichen Denken. Es kann vorkommen, dass der Gaumen zur besseren Verständlichkeit ein wenig befeuchtet wird um danach aus voller Brust intonieren zu können. Durch die trockene Luft der Klimaanlage im Schiff kann sich der Vorgang des Befeuchtens dann allerdings bis kurz vor den Auftritt hinziehen. Egal, wir kennen die Lieder sowieso alle. Und ich verstehe, warum der Begriff „üben" durch „Stimme ölen" ersetzt wurde.

[2] Die Choreographie wird auf die Standardbewegungen „Einhaken und schunkeln" und „Einhaken und abwechselnd die Beine hoch" reduziert, um auch dem weniger Geübten Zugang zu bühnenreifer Stand-Up Akrobatik zu ermöglichen.

Mit dem Besuch der „Reeperbahn nachts um halb eins" tummelten wir uns dann von der Bühne und feierten unsern Applaus.

Der nächste Tag war dann nicht so ganz mein Tag.

Die See ist doch nicht ganz einfach. Windstärke 8–9 und entsprechend stampft[1] und rollt[2] trotz der Stabilisatoren[3] das Schiff doch erheblich.

Ich muss mir einfach mal zwei „kleine Blaue" einwerfen. Das ist die harmloseste der drei Möglichkeiten. Die zweite sind die „kleinen Weißen" und für die Übelgebliebenen gibt's dann vom Doc die erlösende Spritze.

Ich war mit „blau" gut bedient und habe seitdem auch auf solche Nahrungszusätze verzichten können.

---

[1] „Stampfen" ist das Auf und Nieder des Schiffes.
[2] „Rollen" ist das Hin und Her von links nach rechts um die Längs-achse des Schiffs.
[3] Das sind so eine Art Schwimmflügel für Schiffe, die kurz unter der Wasseroberfläche gegen das Rollen ankämpfen. Klappt eigentlich ganz gut, wenn auch die unterschiedlichen Wellenbewegungen dem akribisch entwickelten Steuerprogramm der Stabilisatoren oft einen Streich spielen.

Trotzdem habe ich wahrgenommen: Wir sind am Stromboli vorbeigefahren. Schön anzusehen, immer aktiv und raucht auch immer ein bisschen – aber nicht so viel, wie die Leute hier an Bord![1]

Für Nichtraucher wie mich ist die Luft auf diesem „Dampfer" also reichlich gesättigt und hier kann man nicht auf Gnade von Seiten der rauchenden Zunft hoffen. Sie würde vermutlich das letzte Rauchzeichen sein, wenn so ein Schiff mal untergeht.

Ab und zu muss man in einem Hafen auch mal etwas kaufen, was es an Bord nicht gibt. So habe ich zum Beispiel ein Bauteil für eine Kaffeemaschine (wichtig hier an Bord) in Messina im Elektronikladen beschafft.

Um den Weg nicht zu Fuß gehen zu müssen, habe ich mir eins unserer Crew-Fahrräder ausgeliehen. Eine schöne Sache, um einfach und kostengünstig in kurzer Zeit etwas von der näheren Umgebung anzuschau'n. Habe aber zu spät gemerkt, dass es hier in Italien eigentlich keinen Platz und keine Fahrbahnen für Fahrräder gibt. So habe ich das Ding den ganzen Weg geschoben, weil es entweder keinen Fahrradweg gab, oder die Einbahnstraßen immer in die entgegengesetzte Richtung führten ...

Wir haben gelernt:
Italien: Fahrrad=NEIN / zu Fuß, Moped, Auto=OK

---

[1] Das Rauchen ist auf Grund der nicht zu zahlenden Tabaksteuer leider extrem günstig und eine gute Gelegenheit, mit dem Nichtrauchen aufzuhören.

Aber: Messina ist eine der schönen Städte Italiens. Hier kann man herrlich spazieren gehen und es sieht überall ziemlich deutsch[1] aus.

Und weiter geht die wilde Hatz. Ein Kreuzfahrtschiff hat wohl niemals so richtig Sitzfleisch. Von Italien schnell mal nach Kroatien – Dubrovnik.

Da war's mal so richtig schön. Die Stadt ist wirklich nett anzuschauen. Hier könnte ich gerne mal in Urlaub fahren, wenn ich nicht ständig in der Weltgeschichte umherirren würde.

Also habe ich mit dem Fahrrad (diesmal ohne Einschränkungen) die andere Seite des Wassers erkundet und das erlebt, was ich gerne erleben wollte: Die Düfte und Stimmungen eines Ortes, dazu kristallklares Wasser und eine wunderschöne Gegend.

---

[1] Diese einfache Umschreibung steht für: Wenn hier nicht so viele Ausländer wären, könnte man meinen, man wäre dort, von wo man gerade geflüchtet ist um die „wahre" Welt kennen zu lernen.

Der Sonnenuntergang war früh, überzeugend klar und schnell. Das wurde dann auch ebenso schnell geknipst.[1]

Fotomanie

Ich bin ein Augentier. Ich liebe es, stundenlang nur so da zu sitzen und zu beobachten. Nein, nicht was ihr jetzt denkt.

Und zu meinem Traum gehörte es natürlich, diesen Eindruck einfach einzufrieren und bei Bedarf wieder aufzutauen.

Was lag also näher, als für den Einfriervorgang eine geeignete Maschinerie zu besorgen? Die Herren von der Kreditkartengesellschaft waren begeistert und ich gönnte mir eine schöne Spiegelreflex mit 'nem reisefähigen Zoomobjektiv 18–200 mm.

Seit dem Erwerb dieses Gerätes fotografiere ich alles, was nicht totale Dunkelheit ausstrahlt: Wassertropfen beim

---

[1] „Knipsen" ist ein moderner Vorgang, dessen Ergebnis sehr variantenreich ausfallen kann. In der Regel wird heute mit allem „geknipst" was ein moderner Homo Sapiens so in der Tasche mit sich trägt. Meist sind das Einweghandys und kleine Reisebegleiter, die vorne ein mikroskopisch kleines Loch besitzen, durch das die umgebende Welt eingesaugt werden soll. Die ersten Bilder wurden ja nun auch tatsächlich mit einer Box gemacht, die nur einen stecknadelgroßen Durchlass für den Lichteinfall besaß. Und es wird eben auch ALLES geknipst! Durch Zufall entstehen beim „Knipsen" dann manchmal sogar ansehnliche Bilder …

Tropfen, Blüten beim Blühen, Morgentau beim Tauen, Vögel beim Fliegen. Und natürlich Sonnenuntergänge. Auch schon mal früh am Morgen, selbst wenn sie dann eigentlich anders heißen.

Und die Welt der Seefahrt mit Tausenden von Eindrücken war ein Geschenk für meine Manie. Bis heute habe ich mich ungehemmt dem Impressionismus (oder wie heißt das beim Fotografieren?) hingegeben und Motive gesammelt, die ich mehr oder weniger gut gelungen meiner Umwelt versuche nahe zu bringen.

Ein neuer Gast in meiner Umgebung ist dann auch immer ein potenzielles Opfer, das sich meine Fotobücher anschauen muss. Manche Opfer verfielen dann dem Stockholm-Syndrom.[1]

Zurück zur Reise:

Den nächsten Mittag sind wir in Triest eingelaufen. Jetzt weiß ich, woher der Begriff „Trist" kommt. Eine graue Großstadt, in der wir mitten drin liegen. Parkplatz Stadtmitte. Nee, hier muss ich nicht raus. Kein Vergleich zu gestern in Dubrovnik.

---

[1] Ab und zu passiert es, dass entführte Personen sich zu dem Entführer hingezogen fühlen. Wenn ich dann mit meinen Büchern entführt haben sollte: „Mea Culpa"

Also freue ich mich schon morgen auf Venedig.

Und nach diesem letzten Satz fange ich an zu stutzen: Was ist das eigentlich für ein arrogantes Gehabe von mir, eine Stadt allein vom Schiff aus abzustempeln und trotzköpfigerweise noch nicht mal einen Schritt an Land zu setzen?

Keine Ahnung, aber es hilft mir, nicht traurig zu sein, wenn ich nicht alles sehen kann. „Wird wohl nicht so schön sein, dass es sich lohnt" ist doch besser als „So'n Mist, schon wieder eine super Gelegenheit verpasst".

Purer Selbstschutz!

Morgengrau

Venedig sehen und sterben? Das Sterben hätte niemand bemerkt – es war so neblig, dass wir kaum über den Bug hinaus sehen konnten.

Eine unwirkliche Stille begann langsam eine Stadt zu gebären. Schleichende Betriebsamkeit am Boden und auf dem Wasser, ein krasser, schöner Gegensatz zum Erwachen einer „normalen" Stadt.

Ja, OK, das ist eine ganz andere Sache zum tristen Grau von gestern. Der Nebel verzog sich dann auch wieder in die Kiste, aus der er des Morgens wohl entwichen war und gab nun endlich Venedig frei.

Eine imposante Stadt und heute Abend ziehen wir los. Ich bin gespannt.

... Stunden später:

Wir gingen dann zu siebt ins Hard-RockCafe in Venedig.

Ja, was soll man dazu sagen? Der Weg war wohl in diesem Fall das Ziel. Wir sind etwa eine halbe Stunde zu Fuß durch Venedig marschiert und haben malerische, filigrane, schöne und nicht so schöne, merkwürdige und bekannte Dinge gesehen.

Abends über den Markusplatz. Markus war jedoch gerade nicht da. Egal, trotzdem ein prickelndes Gefühl.

Und was auch immer auffällt: Diese Stadt wird einfach vom Wasser heimgesucht. Überall sind Stockflecken und marode Wände zu sehen. Das gehört natürlich zum Ambiente.[1]

Das Café selbst war ein Hard RockCafe, wie es sie wohl überall auf der Welt gibt. Eigentlich ganz leckeres Essen, aber schweineteuer. Und da ich vorher noch nie in einem solchen war, wurde meine ursprüngliche Begeisterung, eine wichtige Bereicherung in meinem Leben zu erfahren, doch merklich hinuntergekühlt.

Dieses war der letzte Tag des ersten Monats meines neuen Lebens.

So war es schon fast eine „alte Gewohnheit", das Land, die Stadt und den Hafen zu wechseln.

Eigentlich hat man schon mal etwas davon gehört, aber bei der 16.000 €-Frage wäre ich kläglich gescheitert, wenn ich hätte sagen sollen, wer oder was Kotor denn eigentlich ist.

1. Ein Kutter mit Motor   2. Ein kastrierter Kater

3. Tibetanischer Hirtenkäse   4. Eine Hafenstadt

---

[1] Dieser Ausdruck bezeichnet etwas, das man eigentlich schön findet, aber sehr oft nicht in den eigenen vier Wänden dulden würde. Hier gestattet einem die Sprache doch einen gelungenen Spagat zwischen Hui und Pfui. Selbst ein verwilderter Garten kann so einfach durch eine andere Wortwahl wunderschön werden: Nenn ihn „Biotop".

Der bis hierher gelangte Leser wird dies ohne Zuhilfenahme jeglichen Jokers aus der Hüfte beantworten können.
Ich habe doch Recht, oder?

Auflösung: Heute sind wir in Montenegro.

Kotor heißt der Hafen. Eine wunderschöne Landschaft mit
traumhaften Bergen und gediegenen Bauten. Mit etwas
mehr Zeit wäre ich gerne den Berg hinauf gegangen. Ich
habe wieder meine Fotos geschossen und werde das hier
in Erinnerung behalten.

Einfach mal nicht zu lange verweilen.

Da der erste Monat nun herum ist, habe ich den General-
schlüssel für das Schiff bekommen und Kai, der mich bis
hier geduldig angelernt hat, passt nur noch auf, dass ich
das Schiff nicht aus Versehen versenke. Noch zwei Wochen
zu zweit, jemand in der Nähe, den man fragen kann und
dann bin ich, mehr oder weniger, allein auf mich gestellt.
Ist schon ein kribbeliges Gefühl!

Es geht immerhin nicht auf der Ostsee mal so hierhin oder
dahin und in der Zwischenzeit mal eben wieder im Heimathafen einlaufen.

Nein, was mich nach diesen nächsten zwei Wochen erwartet, ist etwas, wovon wohl fast jeder schon mal geträumt hat:

Wir machen eine Weltreise!

OK, Ruhe bewahren, es ist ja auch noch etwas Zeit bis dahin.

Montenegro spuckt uns also wieder aus in die Adria und wir laufen voller Elan Piräus an.

Griechenland streikt, aber wie soll man sonst sein Land auch wieder aufbauen …

So dümpeln wir von 4 bis 6 Uhr auf der Reede[1] vor Piräus herum und kommen ohne Schlepper trotzdem sicher in den Hafen.

Ich bin mit dem „Sonntagskoch" auf den hiesigen Markt gegangen um für unsere sonntäglichen Frühschoppen-essen einzukaufen. Da kannte ihn der Fleischer noch vom vorherigen Mal. Ist schon ein witziges Erlebnis, wenn jemand einen irgendwo auf der Welt erkennt, weil man da jedes Mal einkauft, wenn man hier im Hafen liegt.

Also reichlich Fleisch für Sonntag und wir haben bei 26° und strahlendem Sonnenschein auch einen Weihnachts-laden entdeckt. Bunte und weiße Weihnachtsbäume inklusive.

Aber dicht daneben eben auch die typischen Stände mit Fisch in allen Variationen, frischem Obst und Gemüse und Fleisch, oft auch als „Ganzes" mit Füßen und Kopf dran.

---

[1] Die Reede ist der Aufenthaltsort für Schiffe, meist vor einem Hafen oder einer Schleuse oder wo es immer auch hin möchte. Dort düm-pelt man dann, meist einen Anker im Meeresboden vergraben, bis man von den zuständigen Stellen von dort abgerufen wird. Bei einem großen Schiff betritt dann nicht selten ein Lotse eben dieses um Sicherheit zu bringen und Geld zu verdienen.

Das Mädchen, das im Hafen von Piräus auf ihren Seemann wartet, habe ich nicht wirklich entdecken können, aber ich denke, es wird dort vielleicht Hallen oder andere Etablissements geben, in denen sich die Wartenden aufhalten können.

Ortswechsel: Land bleibt, Hafen wechselt – oder auch nicht.

Leider ist wieder schlechtes Wetter in Katakolon und wir können morgen deshalb wieder nicht zu meinem kleinen Fischrestaurant fahren. Soll wohl nicht sein. OK, ich komm wieder, keine Frage!

Es wird wieder italienisch: Palermo, Neapel, Civitavecchia (der Hafen von Rom). Auch hier ist schlechtes Wetter und nur noch ein Hafen trennt mich vom Beginn der Weltreise: Nächste Station ist wieder Monte Carlo, dort, wo für mich alles begann.

Damit es aber nicht so langweilig wird, kommt in letzter Minute noch die Nachricht, dass es immer noch mal anders kommt als man denkt und deshalb wird statt Monte Carlo eben Genua angelaufen.

Allein, allein!

Heute ist mein erster Alleintag!

Gott sei Dank bleibt alles ruhig und ich kann den Tag eigentlich genießen.

Doch beim Betreten meiner neuen Kabine merke ich: Kai hat mit 'ner Bande Quarzer[1] die Nacht durchgemacht und die Bude stinkt erbärmlich nach toten Zigaretten. Ich habe aber einen Philipino-Cleaner[2] und der hat erstmal die Gardinen abgenommen und wäscht sie für mich.

Vielen Dank für diesen tollen Start.

Der Kühlschrank ist aber noch gut gefüllt mit Cola und ich habe Sekt geschenkt bekommen. Prost, auf die neue Kammer!

Zum Abend wird es denn doch etwas kritischer, weil auch nach dem Auslaufen aus dem Hafen das Internet nicht wieder kommt. Auf See ist alles anders und die berühmte Steckdose an der Wand wird hier von einem riesigen Satelliten gespeist, der einem nicht immer wohlgesonnen ist. Bin bis halb zwei Uhr nachts an der Anlage, aber es wird mit den herkömmlichen Mitteln nicht besser ...

Mieser Anfang, aber ich schlafe jetzt erstmal und dann geht es mit neuen Kräften und neuen Ideen weiter.

Am nächsten Tag habe ich den Fehler gefunden. Ist schon sehr verwirrend, weil es trotz der Einarbeitung doch noch sehr viel Neuland ist. Ich werde da wohl noch ein wenig dran arbeiten müssen.

Das „Wochenende" steht vor der Tür. Mal sehen, ob der Stress ein wenig nachlässt. Viele Passagiere und Crewmitglieder sind durch die Schneeverhältnisse in Deutschland

---

[1] Wer's schon ahnt: Ich meine natürlich meine Lieblings-Luftverpester! Der Begriff „Quarzen" selbst ist nicht endgültig geklärt, aber wen interessiert das hier schon?

[2] Da meine Position die eines technischen Offiziers an Bord ist, bekomme ich eine Reinigungskraft gestellt. Nicht schlecht, oder?

erst heute angekommen. Es kann jetzt ja eigentlich nur besser werden …

Und es geht langsam in Richtung Süden: Valencia – Malaga – Casablanca. Ich lass' mich überraschen …

Dann hatte ich einige Tage wirklich viel zu tun und deshalb konnte ich mich auch nicht wirklich um die Städte um mich herum kümmern. Ich entwickelte da meine eigene Methode: Wenn mich die Umgebung magisch anzieht, dann gehe ich raus, wenn ich denke „Hmm, sieht aus wie eine ganz normale Stadt", dann bleibe ich an Bord.

Ich freue mich deshalb über Funchal auf Madeira, eine wirklich tolle Stadt, die sehr liebevoll angelegt ist.

Ich glaube, Madeira könnte man sich noch mal in Ruhe ansehen. Das einzige, was bis jetzt hier nicht zu sehen ist, ist normaler Sandstrand. Aber der wird sicherlich in solch einem Urlaubsparadies nicht fehlen.

Madeira war nun der letzte Ort in Europa für uns.

Ich freute mich jetzt auf neue Ufer – *Karibik, ich komme!*

Vorfreude heißt „Vor" weil man sich vor Freude kaum Gedanken macht, ob etwas dann auch tatsächlich so schön ist, wie man es sich vorher ausgemalt hat.

Liegt einfach daran, dass die Tage dann auch ziemlich unspektakulär waren. Irgendwelche Häfen, drückende Schwüle in der Karibik, ausgerechnet dann Arbeit, wenn man doch mal von Bord gehen möchte …

Ist jetzt alles vergessen: Der große Panama-Tag ist angebrochen – und das schon ziemlich früh: 4 Uhr 15 Anker auf[1] von der Anchorage (= Ankerplatz oder Reede) vor der ersten Schleuse.

---

[1] „Anker auf" ist der Befehl vom Kapitän, den Haken im Meeresgrund, um den sich das Schiff an einer Kette bewegte, wieder zu hieven, den Modder abzuspülen und ihn zurück in seine Behausung, die Ankerklüse, zu ziehen.

Mein Plan, das Ganze als Zeitraffer[1] zu filmen, hat sich leider durch einen blöden Zufall zu einem leider sehr verschwommenen Wischi-Waschi entwickelt. Weil es am Morgen noch ganz dunkel war, konnte sich die Kamera nicht fokussieren und hat dann irgendwann die Heizspiralen der Frontscheibe als Maßstab aller Schärfe genommen :-(

OK, so kann man nur ahnen, was ich in meinem Filmchen zeigen wollte ...

Die Fahrt durch und die Eindrücke im Kanal waren wirklich fantastisch.

Die Technik der Schleusen (immerhin fast 100 Jahre alt!) mit den Mulis[2] und die Durchquerung von Dschungel auf der einen und den Baumaßnahmen für die Erweiterung auf der anderen Seite war schon beeindruckend.

---

[1] Mit der Kamera Einzelbilder aufnehmen und dann als Film ansehen. Daumenkino auf elektronisch!
[2] Die Mulis sind die Arbeitsmaschinen in den Schleusen. Kleine Lokomotiven auf beiden Seiten, die durch Stahlseile mit dem Schiff verbunden sind und dieses immer schön in der Mitte halten.

Noch vor dem Abend sind wir in den Pazifik eingelaufen – So schnell ist man durch ein komplettes Land gefahren.

Ein traumhaftes Erlebnis.

Ach, und so ganz nebenbei: Es ist Heiligabend!

Fast vergessen! Auch überhaupt nicht real zu begreifen, wenn es immer noch drückend heiß ist und bis auf die liebevolle Weihnachtsdeko an Bord alles andere um einen herum überhaupt keine Weihnachtsstimmung aufkommen lässt.

Ich werde die Menschen wohl nie verstehen, die gerade zu Weihnachten das Weite suchen anstatt das Weite im eigenen Herzen zu entdecken.

Für uns gab es Feierlichkeiten in der Lido-Terrasse. Sehr förmlich, aber dem Ganzen doch angemessen. Eine kurze Mitternachtsmesse auf Englisch im Kino hat dann doch noch einen kleinen Hauch von Weihnacht ins Gemüt gebracht.

Und das beste Geschenk:

BERGFEST!!!!!!!!

Die Hälfte meiner Heuer[1] habe ich rum!

Der Frühschoppen am ersten Weihnachtstag mit Entenbraten von Stephan und Rotkohl vom Elektroniker hat auf Grund der beengten Platzverhältnisse auf Deck 4 nicht ganz die festliche Stimmung rübergebracht. „Aber 1–2–3–4–Duckstein, es soll ein neues Bier sein" lässt hier die meisten das Drumherum vergessen ...

Anm. der Red., nicht ohne Stolz: Unsere Ente inklusive Rotkohl war um Längen besser als die 5-Gänge-Gans am Abend in der Crewmesse[2]!

---

[1] In der Seefahrt heißt die Arbeit und das Gehalt „Heuer", es ist demzufolge auch kein Arbeits-, sondern ein Heuervertrag. Österreicher unter Ihnen werden dies hoffentlich nicht mit dem „Heurigen" verwechseln.

[2] Eine Messe ist der Begriff „Kantine" auf seemännisch. Vielleicht kommt der Begriff aus der frühen Seefahrt, zu deren Zeiten man vorsichtshalber nach Verzehr der Bordnahrung eine Messe besuchen sollte, um im Notfall für alles gerüstet zu sein und reinen Gewissens ins Jenseits wechseln zu können.

Auch der zweite Weihnachtstag brachte keinen besonderen Augenschmaus und nur das Bewusstsein, in Costa Rica zu sein, hat das Ganze ein klein wenig exotisch veredelt.

Die Schmankerln waren zwei Segelschiffe, die den Hafen und die Reede schmückten. Das brachte ein wenig Romantik in die Stahlumgebung.

Das Wasser hat hier 28°, aber so richtig einladend war es denn auch nicht.

Die wenigen Tage bis zum Jahresende verbrachten wir dann damit, in Richtung Norden zu schippern. Silvester vor der Küste Mexikos. Acapulco!

Hört sich doch eigentlich toll an – oder?

Und dann wollte ich einfach mit dem Handy um 17 Uhr zuhause anrufen – so erwische ich die Lieben durch die Zeitverschiebung genau um Mitternacht.

Ich habe das Handy-Netz[1] vorher schon probiert – klappt.

Jedenfalls so bis ca. 16.30 Uhr, denn ab da haben wir uns vom Land entfernt und ich habe das Netz entschwinden sehn …

---

[1] Die Intensität des Handy-Netzes wird meist in Balken angezeigt. Und jetzt ahne ich den Grund für die Aussage: „Wasser hat keine Balken!"

Bin dann ein wenig gefrustet um die Geisterstunde in die Crewbar[1] gegangen, sah viele Gleichgesinnte und daraus wurde dann ein Anlauf auf eine

„ich bin schneller voll als du – Fete".

Ich habe mich dann sinnvollerer Sinnlosigkeit zugewandt und es gab tatsächlich schöne Filme auf den Crewkanälen[2]. Außerdem hatte ich mir eine schicke Erkältung eingefangen.

Prost Neujahr!

---

[1] Die Crewbar ist eine Oase für trinkende Raucher. Unterhaltungen werden wirkungsvoll durch die Musicbox behindert und nach schon geringer Zeit ist die umgebende Luft ohne jegliche Nebelmaschine zu Discoluft mutiert.

[2] Keine Wasserstraßen für die Mannschaft sondern Videokanäle, die nur die Crew auf den Bordfernsehern empfangen kann.

Das neue Jahr beginnt dann aber mit einem wunderschönen Tag, der mit Anlaufen von Cabo San Lucas in Mexiko wirklich zu einer wahren Augenweide wurde. Ich war zwar immer noch Rest-Erkältet, aber es gab jede Menge zu sehen und hier könnte man vermutlich auch mal Urlaub machen, wenn's nicht so weit entfernt wäre.

Und dann ging es los in Richtung USA. Los Angeles war angesagt.

Das hört sich erstmal richtig gut an, aber die Landsleute des verpassten Indiens legen einem Schiff doch ziemliche Brocken in den Weg:

USCG[1], USPH[2], Port State Control[3]

Eigentlich das Gehabe, das ich schon in Berlin bei der Vergabe des Visums in Frage gestellt habe. Warum ist ausgerechnet dieses Land, das ja eigentlich zu 99 % aus Einwanderern besteht, so streng gegen alle anderen, die auch einfach nur mal schau'n möchten? Warum können zivilisierte Völker nicht wie zivilisierte Völker miteinander umgehen? Immer wieder das „Eigentlich gehört uns die Welt"-Getue, jeder andere wird in die Schranken gewiesen.

Also: Wenn du jemals nach Amerika möchtest – füll das ESTA[4]-Formular im Internet aus, setz dich in den Flieger und dann bete, dass du nicht aus Versehen „Ich plane einen terroristischen Anschlag auf die USA" angekreuzt hast!

OK, dies habe ich mir nun von der Seele geschrieben und dann gibt es endlich mal wieder etwas, das mich emotional stark nach vorne bringt.

---

[1] United States Coast Guard = Der Küstenschutz der Vereinigten Staaten.
[2] US Public Health = Die Gesundheitspolizei dieses Reichs
[3] Kontrolle aller Papiere und das Einhalten von Vorschriften
[4] ESTA ist ein elektronisches Reisegenehmigungssystem für die Einreise auf dem Luft- oder Seeweg in die Vereinigten Staaten von Amerika

Wie kann man das Einlaufen in einen schönen Hafen besser erleben, als wenn es stockdunkel ist. Dabei ist der Hafen von LA eigentlich wirklich sehenswert. Und weil's so schön war, wird auch das Auslaufen wieder im Dunkeln erfolgen.

Unser Bord-Internet bleibt in Amerika nur ein Wunschtraum. Keine Chance hier. Gesetze verbieten die Nutzung unserer Anlage und um den Gesetzen auch das notwendige Gehör zu verschaffen, weiß die Internet-Anlage ganz genau, dass sie hier nichts zu melden hat und bleibt einfach stumm wie die vielen Fische um uns herum.
Aber wir haben am Liegeplatz ein freies Hafen-Wi-Fi[1]. Na wenigstens etwas.

Aber bevor man heiligen Boden hier betreten kann, wird ein – nicht lachen, der Begriff ist hochoffiziell – Facecheck[2] durchgeführt.

Und obwohl alle ein gültiges Visum haben müssen, kann hier von den einzelnen Wichtigtuern entschieden werden, ob man an Land gehen darf oder nicht.

---

[1] Wiki: Wi-Fi ist ein für Marketingzwecke erfundener Kunstbegriff ohne (akronymische) Bedeutung, er steht nicht für „Wireless Fidelity", wie man gemäß populärer Analogie z. B. zu Hi-Fi annehmen könnte. Allerdings wurde er von der Wi-Fi Alliance sehr wohl als Wortspiel zu „Hi-Fi" aufgefasst

[2] Nachdem man mit viel Geld, Geduld und gesenktem Kopf in Deutschland ein Visum erworben hat, das berechtigt, in den USA von Bord eines Schiffes zu gehen und sich dieses Land anzusehen, gibt es darüber hinaus noch die „Gesichtskontrolle". Klingt lustig, aber wenn der Beamte, der des Morgens aus Versehen die falsche Beilage zum Brötchen erwischt hat mit ausdrucksloser Miene „No" sagt, dann meint er das so und entscheidet einsam, aber ungerecht, über den Verbleib an Bord.

Eigentlich werden einem so drei bis fünf Fragen gestellt, und ich hatte mir schon ein paar nette Antworten bereitgelegt.

Aber mich hat keiner auch nur eine Frage gefragt. Einfach Stempel in meinen Ausweis und gut war's. Das war dann wohl ein blendendes Frühstück des Face-Checkers gewesen. Bin wohl doch einfach zu Vertrauenerweckend.

Das wird sich ändern, wenn dieses Buch einmal im amerikanischen Raum auftauchen sollte.

Ich würde mich allerdings freuen, wenn ich die Selbstironie dieses tollen Landes unterschätzt hätte und trotz dieses Beitrages doch einmal hinter die Kulissen schauen dürfte und mich eines Besseren belehren lassen müsste.

Zurück zur Visitation: Es waren nur ganz wenige, die aus dubiosen Gründen an Bord bleiben mussten.

Ich bin aber in L.A. doch nicht ausgestiegen und mich Hollywood präsentiert, weil es sich in etwa so zugetragen hat:

Ich: „Wie war's in L.A. denn so?"

Landgänger: „Wir haben uns ein Taxi genommen und sind in die Stadt und nach Beverly Hills gefahren. Nicht billig, so um die 140 $."

Ich: „Und was habt ihr da so gesehen?"

Landgänger: „Den Walk of Fame und die Gärten der Promis."

Ich: „Wie war der Eindruck?"

Landgänger: „Der Walk war dreckig und in die Gärten konnte man nicht sehen, weil die Hecken einfach zu hoch waren."

Ich: „Danke für diese Auskunft!"

Und noch eine Sache ist sehr merkwürdig in Amerika: Wenn man ein ausländisches[1] Schiff in einem amerikanischen Hafen betritt, dann muss man nach der Reise genau wieder in diesem, und keinem anderen, Hafen aussteigen!

Dies bedeutet, dass Gäste, die in San Francisco einsteigen, nicht einfach mit nach Hawaï[2] fahren und von da aus nach Hause fliegen dürfen. Im Zeitalter von Computern und Internet scheint mir das ein sehr altes Ritual zu sein. Was wohl aber für das Land der begrenzten Unmöglichkeiten normal scheint.

Also das Schiff umgedreht und morgen geht's nach Ensenada, Mexiko, damit noch Paxe[3] einsteigen können, die nur eine Reise machen. Und dann kehrt, marsch, wieder zurück in die USA – nach San Francisco …

Da will ich endlich mal raus!

Aber ich mag ja eigentlich keine Großstädte!

Wenn in der Touristik für die Gäste viele Fahrten gleichzeitig angeboten werden, dann ist es als Crewmitglied möglich, solch eine Fahrt mitzumachen wenn nicht alle Plätze belegt sind.

Traut man es sich zu, dann kann man auch als „Lolliträger"[4] agieren, als jemand, der sich um die Gäste und den ordnungsgemäßen Ablauf der Tour kümmert. Es ist zwar immer ein Tourguide dabei, der sich an dem Ort auskennt, aber für die Gäste ist man dann schon selbst verantwortlich.

---

[1] Ein deutsches Schiff ist im Ausland natürlich ein ausländisches Schiff. Frei nach dem Motto: Wir sind doch alle irgendwo Ausländer.

[2] Jepp, Hawaï gehört zu den USA

[3] Das mit den Abkürzungen hatten wir ja schon, aber das ist mal eine, die auch in der Luftfahrt gängig ist: Passagier wird zum Pax weil's schneller zu sprechen geht. Dabei hat die lateinische Herkunft des Wortes „Pax" doch eine komplett andere Bedeutung (selbst rausfinden …)

[4] Als „Lolli" wird der Stab mit dem Blechschild und 'ner Nummer drauf bezeichnet. So zum Hochhalten, damit die Gruppe schön zusammen bleibt.

Meine Tour: 4 Stunden Power-Bus für Gehbehinderte.

Golden Gate Bridge, Twin Peaks, Golden Gate Park, Stadt-rundfahrt ...

Es ist eine wunderschöne Stadt mit fast ausnahmslos gut gelaunten Menschen und einer tollen Mischung aus Hoch-häusern, Vorstadt, Kultur, Garten, Lebensfreude.

Man kann sich kaum vorstellen, dass am „St. Andreas-Spal-ten-Tag" hier alles in Schutt und Asche liegen wird ...

Ich habe mir extra für die Begehung dieser Stadt eine zerrissene Jeans[1] gekauft. Ich war zwar noch niemals in New York, aber diesen Part hier, den habe ich erledigt. Und Hawaï habe ich ja noch vor mir.

Ich mag San Francisco!

Hier könnte ich gern mal etwas länger Urlaub machen und richtig eintauchen.

---

[1] Also bitte, diesen Liedtext von Udo Jürgens kann doch wohl nun jeder mitsingen, oder?

Obwohl ich immer im Hinterkopf habe, auf welchem „verwerflichen" Untergrund San Francisco gebaut ist und das nächste unheilvolle Erdbeben schon seit langem vorhergesagt wird.

Sechs Seetage liegen jetzt vor uns.

Gut, dass sich meine Seekrankheit auf die erste Woche an Bord beschränkt hat. Jetzt merke ich kaum noch, dass sich das Schiff bewegt.

Reif für die Inseln

Hawaï – allein der Klang dieses Namens lässt unglaubliche Erwartungen aufkommen. Es wird Strände, Blumengirlanden, immer gut gelaunte Menschen, tropische Fauna und Flora und Musik geben.

Und, trotz anders informierendem deutschen Liedgut: Bier!

Die größte der Hawaïanischen Inseln heißt „Hawaï", der Hafen ist Hilo und von hier kann man per Bus, Flugzeug oder Hubschrauber Ausflüge ins Landesinnere oder über die noch tätigen Vulkane machen. Zwei ältere, nicht unterernährte Damen tanzten in einer Halle einen Hula nach Retortenmusik. Im Hintergrund Industrieanlagen ohne Blumenkränze.

Hmm, noch nicht ganz die Erwartenshaltung getroffen.

Doch die Informationen über die Hawaïanische Inselwelt ließen uns guter Dinge sein.

Und da wir ja nie lange an einem Ort verweilen, dampften wir dann auch gen Maui, eine pure Touristeninsel mit schönen kleinen Holzhäuschen, viel toller Vegetation und herrlichen Düften.

Die Stadt darauf heißt Lahaina und ist mal wieder einen Urlaub wert, aber auch wieder viiiiel zu weit entfernt.

Von hier aus wird Whalewatching[1] und alles weitere angeboten, was mit dem Wasser zu tun hat.

Wieder an Bord und mit der Kamera bewaffnet auf der Brücke nach Walen Ausschau gehalten, ist mir eine Schule Spinner-Delphine[2] vor die Linse geschwommen.

---

[1] Watch kann auch Uhr heißen. Aber ist natürlich Quatsch in dem Zusammenhang. Wale benutzen keine Uhren. Es ist die Rede vom Beobachten der Wale, die hier zuhauf anzutreffen sind, wenn sie nicht gerade nicht da sind.

[2] Wieder nicht, was man jetzt denken könnte. „Spin" heißt auf deutsch „Drehen". Voller Übermut schießen die Säuger aus dem Wasser und drehen sich um die Längsachse. Als schönen Nebeneffekt lernt man jetzt auch, woher das Spinnrad seinen Namen hat.

Volker, der Walforscher an Bord, hat gesagt, dass die ganz selten hier zu sehen sind – große Freude meinerseits!!!

Und schon geht's im Sauseschritt nach O'ahu.

Wie, Sie kennen O'ahu nicht? Also bitte, davon hat doch jeder schon mal gehört.

Ach, pardon, den Namen der Insel hat man wohl nicht so im Ohr wie vielleicht „Honolulu", die größte Stadt Hawaïs?

Schon besser, hmm?

Dort war ich mit Hannes an Land und wir haben eine Super Mall besucht.

Gucken: Erlaubt – Kaufen: Mal lieber lassen (Prada, Gucci, Tiffany ...). Ist nicht gerade die Schnäppchengegend.

Wir sind zurück in der Nähe von Waikiki-Beach durch den Alo Moana Park gegangen. Hier merkt man den Unterschied zu Europa. Inklusive schrill tönender Polizeisirenen. Es wird wohl irgendwie immer ein wenig Hawaï Five-O gedreht, obwohl ich keine Filmkameras gesehen habe.

Aber sonst alle easy drauf und gut gelaunt. Ein irres Zusammenspiel von Geschäftsstadt und Urlaubsort.

Und was ich gelernt habe: Ein Schiff ist keine Eisenbahn. Wenn das Wetter mal nicht mitspielt, dann muss der erste Mann an Bord Entscheidungen treffen, die oft die ganze Touristikabteilung durcheinander bringt.

Zum Beispiel, als wir die Insel Hawaï nicht zum zweiten Mal anlaufen konnten, weil einfach die Strömung zu stark war, kehrten wir zu meiner Freude kurzerhand um und machten auch „Whalewatching" vor Maui.

Das hat mir um Längen besser gefallen, als wieder mal vom Schiff auf einen anderen Hafen zu schauen.

Die letzte Station der Hawaïanischen Inseln war Nawiliwili.

Wir waren an Land und haben Toner eingekauft, weil dieser auf dem SChiff in Unmengen benötigt wird und ab und zu der Nachschub durch irgendwelche Umstände nicht rechtzeitig klappt. Das Besondere in solch einer Lage ist das Verhandeln über den Preis in einer Sprache, die für beide Parteien eine Fremdsprache ist. Und dann der Stolz, wenn es zur Zufriedenheit geklappt hat.

Eine schöne Insel mit gut gelaunten Menschen und wunderbaren Impressionen.

Nachmittags sind wir schon wieder unterwegs zu den Polynesischen Inseln.

Adieu USA!

Dabei überquere ich zum ersten Mal im Leben den Äquator, ein Schicksal, das immerhin schon Millionen von Flaschen eines berühmten Aquavits hinter sich haben.

Ich weiß nicht, ob ich jetzt persönlich dadurch auch an Wert gewonnen habe, aber so in mir drin kam schon ein Quäntchen Stolz auf, dass ich unfallfrei auf die andere Erdhälfte gewechselt bin.

Na ja, was soll ich jetzt schreiben? Dass alles auf dem Kopf herum steht oder wir nur noch bergab fahren?

Ich bin jetzt auf der Südhalbkugel und es wird immer wärmer.

Luft und Wasser haben 27° und es geht weiter Richtung Süden.

Und die Fernsehbilder auf den Röhrenfernsehern verwandeln wunderbarerweise ihre Farben durch den Wechsel der Magnetfelder. Und die Strudel im Waschbecken beim Ablassen des Wassers drehen sich tatsächlich anders herum.

Robinson Crusoe lässt grüßen

Wir haben eine kleine Insel auf der Reise nach Bora Bora gesehen. Ihr Name ist „Flint Island". Nur bewohnt von Kokospalmen und großen Krebsen, den so genannten Palmendieben. Genau, sie klettern auf die Palmen und klauen die Nüsse.

Einige Auserwählte sind mit dem Zodiac[1] auf Exkursion gegangen und wollten „Schätze" von der Insel mitbringen.

Eigentlich sollte ich mit, aber das Los war gegen mich.

Aber mal gut, die Bootsfahrt war ein Flop und mit zwei geringfügig Verletzten kam die Expeditionsmannschaft wieder unverrichteter Dinge an Bord zurück.

Ein wenig Schadenfreude sei mir gestattet …

---

[1] Das sind unsere „Expeditions"-Schlauchboote. 4 Stück haben wir davon an Deck und die werden dann eingesetzt, wenn es richtig abenteuerlich werden darf. Oder einfach so zum Rumfahren. Oder gar nicht.

Und bloß nicht Halt machen, es geht schon wieder weiter. Wir erreichen einen Traum von Insel, mit genialen Stränden und leer stehenden Ferienhäusern. Man hörte dann im Nachhinein, dass diese einem amerikanischen Geschäftsmann gehörten, der aber wohl nicht bedacht hatte, dass durch die große Entfernung einfach zu wenig Urlauber zu dieser Insel kommen.

Das Städtchen heißt Vaitape, die Insel Bora Bora[1].

Obwohl wir wieder mal „in Eile" waren und uns außerdem die Regenzeit noch ordentlich was auf die Mütze gegeben hat, habe ich trotzdem wundervolle Bilder mitnehmen können.

---

[1] Allein der Klang lässt von Urlaub träumen. Deshalb ist diese Insel auch mein Titelfoto geworden.

Moorea – Crewausflug

Um dem Bordkoller, der sich zwangsläufig ergibt, wenn man drei, vier oder sogar bis zu acht Monate auf dem Schiff verbringt, ein wenig zu entkommen, gibt es für die Crew die begehrten „Crewausflüge".

Und das funktioniert so:

Die Crewpurserin[1] arbeitet mit der Touristik einen Plan aus, damit die Mitglieder der Crew für wenig Geld auch mal ein wenig Spaß zwischendurch haben können.

Dieser Plan wird dann ausgehängt und nach dem „wer zuerst kommt malt zuerst" Prinzip trägt man sich dann ein und bezahlt seinen Obolus. Wenn dann genügend Unterzeichner versammelt sind, dann wird der Ausflug gebucht.

Manchmal, aber eher selten, kommt es vor, dass es zu wenig Interessenten gibt. Dann fällt der Ausflug ins Wasser. Das ist dann Seefahrt pur.

Dann gibt es noch das andere Extrem, dass einfach zu viele mitmachen möchten. Dann wird meist versucht, noch mehr Plätze zu beschaffen, aber das klappt halt nicht immer.

Aber sehr oft geht alles glatt und wir sammeln uns, man kann es sich so ein wenig wie bei einer Klassenfahrt vorstellen, vor dem Schiff und dann wird uns erklärt, wie wir uns zu verhalten haben und mit „Viel Spaß" werden wir dann auf Bus oder Jeep oder was auch immer losgelassen.

---

[1] Personalleiterin würde sich doch jetzt echt blöd anhören, oder?

Im Falle der Insel Moorea, die zu Tahiti gehört, waren es Jeeps mit jeweils acht Sitzplätzen auf den Ladeflächen.

Sightseeing und Abenteuer, Fahrten auf steilen unbefestigten Straßen, Ausblicke auf unbeschreiblich schöne Badebuchten.

Für die erbarmungslose Erweiterung des Allgemeinwissens sorgte erst ein Besuch einer Vanillefarm und gleich darauf einer Ananas-Plantage[1] mit Sicherstellung einiger Früchte durch den dazu Berechtigten.

---

[1] „Ananässe" wachsen nicht auf Bäumen. Diese leckere Frucht wird ebenerdig auf Feldern angebaut.

Beeindruckend und wie im Paradies: eine kurze Rast und noch auf einem die Motorhaube bedeckenden Bananen-blatt wurden die frischen Früchte, ohne Umverpackung und weiterem Reifeprozess von uns dem natürlichen Kreislauf hinzu gefügt.

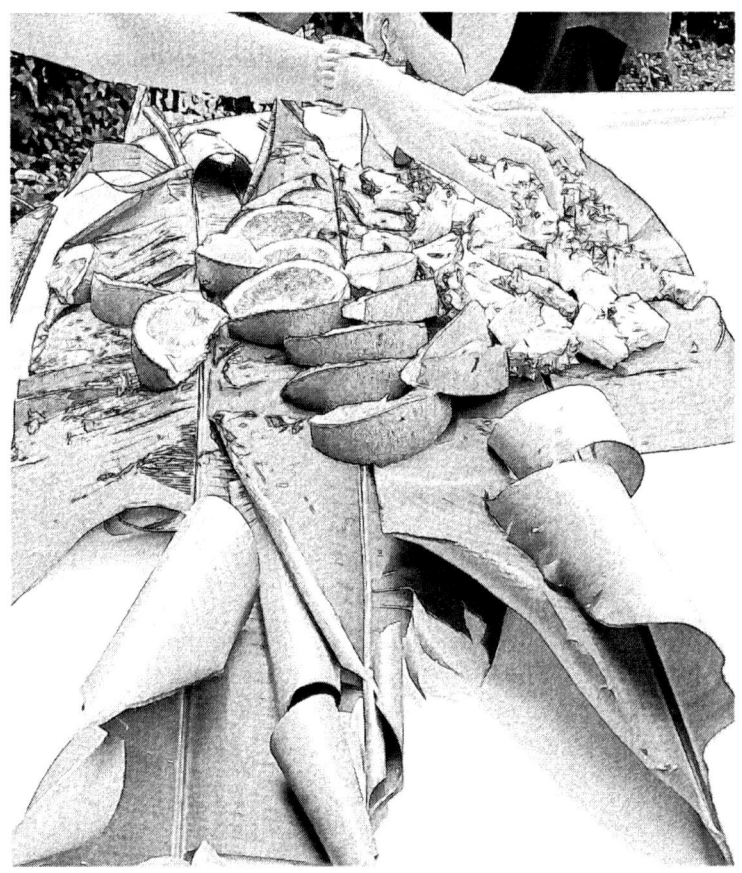

Das war wirklich Südsee zum Anfassen. Ich denke heute noch sehr gerne an diesen Ausflug.

Komm ich jetzt ins Fernsehen?

Paxe und Crew raus – Paxe und Crew rein.

Mal sehen, wer jetzt von den alten Bekannten wieder-kommt.

Langsam komm' ich mir als „alter Seemann" vor. So habe ich schon einige Crewmitglieder gehen und wiederkommen sehen, während ich immer noch hier auf dem Schiff bin. Viele Verträge sind zwei Monate lang, meiner diesmal 4 ½ Monate, die nächsten Male werden es wohl eher 3 Monate werden.

Das ZDF ist jetzt mit an Bord.

Ein Wust von Gestängen, Apparaturen, Kleidung, Zubehör, Lampen und Menschen wird an Bord verstaut. Wir sind mittendrin im „Backstage"[1]-Bereich. Aber wieso auch nicht? Als Crew ist man eigentlich ständig Backstage und man kann sich deshalb gar nicht vorstellen, wie es dann auf der anderen Seite aussehen kann.

Jetzt die spannende Frage: Wie kommt man als Crewmit-glied ins Fernsehen?

Die Prozedur für die Mannschaft auf dem Schiff ist fol-gende: Es hängt immer eine Liste aus, welche Statisten an welchem Tag für wie lange gesucht werden. Meist wird eine 5-Sekunden-Szene, in der man sich dann stolz den Seinen präsentieren kann (wenn sie nicht herausgeschnitten wird) dann innerhalb von zwei Stunden abgedreht.

Ich schlage mich natürlich nicht um so einen Quatsch und werde einen Teufel tun, da mitzumachen.

Also bekam ich zwei „Rollen":

Ein Treffen mit einer „alten Bekannten" an der Poolbar (ja, meine Frau stellte dann zuhause die entsprechen-den Fragen) und „Walk a Mile" hinter Inka Bause her.

---

[1] Back = Hinten, Stage = Bühne = Hinter der Bühne. Der Ort, an den sich die Fans so gerne mit ihren Stars treffen würden.

Jeder Mensch, der mich kennt, weiß, dass ich sportlichen[1] Begebenheiten eigentlich eher ausweichend gegenüber eingestellt bin.

Tatsächlich wurden dann diese Szenen, die ich dann meinen Lieben vor dem heimischen Videogerät fachgerecht kommentieren konnte, in einer Zeitspanne, die man leicht ohne zu Atmen überbrücken konnte, der Welt offenbart.

Das Wichtigste, was ich jedoch in der Zeit erfahren durfte, war die Natürlichkeit der Filmcrew und der Schaupieler, verbunden mit einem wirklich ungezwungenen Umgang mit der Crew des Schiffes.

Ich möchte genau hier an dieser Stelle all die lieben Menschen vom Team grüßen, die ich kennengelernt habe. Es war eine tolle Erfahrung mit euch.

Und ganz stolz bin ich auf mein „Hahn im Korb"-Foto, das ich mit den Schauspielern und der Film-Crew machen durfte.

---

[1] Wenn schon namhafte Politiker mit „no Sports" uralt werden, dann kann, und will, ich da nicht klüger sein und vertraue auf Welterfahrenheit! Erst nachträglich habe ich recherchiert, dass dieser Spruch von Churchill überhaupt nicht belegt ist. OK, die Wahrheit wird auf dieser Welt einfach falsch übermittelt. So entstehen die meisten Religionen!

So werde ich von den Erinnerungen zehren und sitze fein spießbürgerlich dann am zweiten Weihnachtstag und Neujahrsabend lauernd vor der bunten Scheibe und beobachte ganz genau, wer, wann, wo auf dem Schiff einen Patzer macht, den ich dann mit kriminalistischem Spürsinn zum Leidwesen meiner Umgebung kommentiere.

Vergebt mir, ich werde versuchen, diese Macke im nächsten Leben einfach gegen etwas anderes zu tauschen!

Snorkel-Day!!!!!!!

Ich darf Verwandte[1] besuchen.

Nachdem es in Aitutaki (vielleicht lag's am Namen?) nicht mit meinem Wunsch geklappt hat, endlich mal „Köpfchen unter Wasser, Popo in die Höh'" zu zelebrieren – oder besser verständlich: zu Schnorcheln – habe ich in Apia auf Samoa auch diesen kleinen Traum verwirklichen können.

Nur 300 m vom Schiff entfernt ist ein kleiner Strand, kein Eieruhren-Sand, aber zum Schnorcheln genial. Sofort beim Reingehen (besser Schwimmen, weil überall Korallen) ist man umringt von Fischen aller Farben. Knallblaue Seesterne, mattschwarze Seegurken, Doktorfische und alles, was für ein Seewasseraquarium richtig Geld kostet ...

Die Stadt hier ist nicht ganz so toll, aber ich werde den nächsten Tag noch ein paar Bilder machen, denn zum Strand habe ich die Kamera nicht mitgenommen.

Das ist der Nachteil meiner Ausrüstung: Sie ist nicht aquatil[2] und ein hohles Gehäuse, um ihr das Tauchen beizubringen, würde das Doppelte ihres Anschaffungspreises kosten. Da muss ich wirklich noch mal dran arbeiten!

---

[1] Mein Sternzeichen ist Fische, da ist schon eine gewisse Affinität zu den Meeresbewohnern vorhanden.

[2] Gegenteil von „Wasserscheu"

Gibt's nicht!

Und noch etwas Merkwürdiges schleicht sich so in die Tage ein: Wir schippern über die Datumsgrenze!!!

Und zwar von Ost nach West.

Und deshalb gibt es diesen Tag hier für uns nicht!

„Das gibt's doch nicht", sagen jetzt einige unentwegte Zweifler. Da will uns doch jemand beschubsen. Wohin soll denn auf einmal ein ganzer Tag verschwunden sein? Gestern war Morgen doch noch da und „The Day After" war doch wohl nur ein Film – oder?

Für die Grübler unter euch: Wenn man, egal mit was auch immer, in Richtung Westen auf unserer Weltenkugel reist, dann geht ungefähr alle 15 Grad die Sonne eine Stunde später auf, weil die Erde an diesem Punkt einfach noch schläft.

Also stellen wir ganz pragmatisch unsere Uhren auf „eine Stunde länger ruhen" und bedanken uns für diese Fügung des Schicksals. Genau – die Uhr eine Stunde ZURÜCK! Und hier fragt nie ein Mensch nach: „Wieso haben wir denn jetzt diese Stunde zweimal erleben dürfen?" Merkt ihr was?

So, jetzt kann man sich das als Nehmen und Geben unserer Mutter Erde vorstellen: Wenn ich 24 mal den Tag um eine Stunde länger mache, dann muss ich bei der 25. Stunde einfach mal was zurückgeben – und das ist ein Tag. Ist ungefähr so, wie Geld wechseln. Nimm vierundzwanzig Stunden-Cent und gib dafür einen Euro-Tag.

Für die Frager, die jetzt aber gerne immer nur nach Osten reisen: Ich werde jetzt nicht den ganzen Sums noch mal rückwärts rum erzählen, nein, mach ich nicht!

Und an diesem Tage passierte genau das, was einen Menschen an den Rand des Verstandes bringen könnte, wenn er denn vorhanden ist: Einer der Gäste hatte genau an diesem nicht existenten Tag Geburtstag.

Die Schalttags-Februarkinder werden sich jetzt gelangweilt zurücklehnen.

Ein Fünf-Sterne-Schiff lässt sich natürlich durch schnöde Mathematik und physikalische Belange nicht aus dem Konzept bringen: Speziell für diesen einen Gast wurde erst in der Nacht die Uhr eine Stunde zurück gestellt und dann haben wir das Unmögliche möglich gemacht – Der Tageswechsel wurde auf den Mittag gelegt! Hai Nun!

Eine EINHUNDERTFÜNFUNDSIEBZIG Meter lange ZEITMASCHINE war aus dem Nichts entstanden.

So wurde dieser arme Mensch gerettet und ich konnte sehen, wie ich meinen Computern auf dem Schiff dieses Wunder in die Schaltkreise implantieren konnte.

Wobei ein fehlender Tag für Datenbanken einfach „ein fehlender Tag = keine Werte" bedeutet. Aber wer jetzt den drastisch angehobenen Adrenalinspiegel dazu benutzt um zu überlegen, wie ich zum Beispiel Buchungswerte mit einem Programm, das das eigentlich nicht zulässt, genau zweimal auf genau einen Datensatz bringen kann, der wird mir zur Reise nach Westen ganz einfach gratulieren!

Jetzt das Beste: Ich habe aus diesem Grund einen Tag weniger bis SYDNEY!

Über Kopf

Bevor wir jedoch nach Sydney kommen, werden wir eines meiner persönlichen Traumziele erfahren. Weil: Wenn ich jemals würde auswandern wollen, dann wäre dies wohl meine erste Wahl.

Ich spreche von Neuseeland, dem Minikontinent mit allen Klimazonen, die mir persönlich das Leben lebenswert erscheinen lassen. Außerdem wäre das Auenland[1] nur einen Katzensprung entfernt.

Fast so ähnlich klingt unsere erste große Stadt, nämlich Auckland. Eine tolle Stadt. Klein, übersichtlicher Stadtkern und mit viel Schönem drum herum. Ich mag solche Städte, die nicht bis zum Horizont aus Wolkenkratzern[2] bestehen.

Hier kann man toll bummeln gehen und eine Aussicht vom Sky Tower genießen. Wer ganz viel Mut hat, der kann in 192 m Höhe auf Gitterrosten um den Turm gehen, nur gehalten von einem Seil an einer Rolle.

---

[1] Ich verstehe, dass jetzt nicht alle gleich in Ohnmacht fallen, vor allem jene nicht, die die „Herr der Ringe"-Trilogie nicht kennen und deshalb natürlich auch nicht ahnen, dass hier diese Bücher verfilmt wurden.

[2] Die übrigens noch nie einer Wolke einen Kratzer hinzugefügt haben

Oder einfach im Freifall runterspringen, an Führungsseilen. So 'ne Art Bungee.

Es scheint in diesem Land wohl ein Volkssport zu sein, sich einfach mal fallen zu lassen.

Pinguin-Geburtstag

Selbst ich habe mal Geburtstag. Und um mir eine Freude zu machen, reicht es eigentlich schon fast, mich an diesem Tag nicht zu nerven.

Wenn's noch besser kommen soll, dann habe ich etwas Spezielles an solch einem Tag vor.

Wir haben in Port Chalmers angelegt. Das ist der Hafen der zweitgrößten Stadt der Südinsel Neuseelands, Dunedin[1] (gesprochen „Danieden").

Ich habe mir einen Ausflug zu den Pinguinen hier gewünscht und das hat endlich geklappt. War auch 'ne richtig lange Tour, so zirka sechs Stunden. Das ist schon viel für mich.

Und weil alles eigentlich ausgebucht war und deswegen Crew-Mitglieder nicht hätten mitfahren dürfen, bin ich als Escort mitgefahren. Das ist in dem Fall nichts Anrüchiges und unter dem Begriff „Lolliträger" habe ich das auch schon mal erklärt.

Abends habe ich in der Crewbar noch einen ausgegeben und das war's dann auch. Rauchgeschwängert erreichte ich dann meine Koje[2].

Ein schöner Tag!

---

[1] Wieder mal aus Wikipedia: Der Name Dunedin stellt die anglisierte Form des schottisch-gälischen Namens Dùn Èideann für Edinburgh dar und bedeutet Stadt auf dem Hügel.

[2] Es gibt natürlich keine Betten für die Mannschaft. Aber jetzt ganz unter uns: Es sieht einem Bett verdammt ähnlich!

Geschafft!

Ich hab's geschafft. Nach viereinhalb Monaten Fahrzeit bin ich ein halbes Mal um die Welt gefahren.

Damit ich noch ein wenig von Sydney mitbekomme, habe ich mich als Escort für den Bus 2 noch in den Genuss einer kleinen Stadtrundfahrt durch Sydney gebracht und sogar abschließend ein 3-Gänge-Menü mit den Gästen verspeisen dürfen. So konnte ich schon um neun Uhr vom Schiff statt erst um zwölf und sehe dazu noch ein wenig von der Stadt.

Der Bus fährt weiter zum Flughafen und endlich sitze ich im Flugzeug. Ein nagelneuer A380 von Singapore Airlines. Das ist doch mal was für Vaters Sohn.

Vor mir liegen jetzt 20 Stunden reine Flugzeit, 7 Stunden bis Singapur und dann noch mal 13 Stunden, diesmal in einem Jumbo, bis Frankfurt. Nach diesem Höllenritt dann noch 3 Stunden mit dem Auto bis zur Haustür.

130 Tage habe ich gebraucht, um halb um die Welt zu fahren! Und in nur einem Tag fliege ich die andere Hälfte der Erde wieder zurück.

Inflationäre Technik!

Ich fahre nicht nochmal!

Ich habe mir vorgenommen, diesen Marathon nicht noch einmal durchzumachen und nicht wieder auf das Traumschiff zu gehen.

Ich sage es an Bord und alle schauen mich verständnisvoll an: „Das hat bisher jeder beim ersten Mal gesagt. Bis bald dann!"

Ihr könnt viel erzählen, ich bin erst mal platt und ausgepowert. Ich weiß gar nicht, wie das die anderen machen, die immer und immer wieder auf das Schiff zurückkehren. Ist das eine Sucht?

Kann mir jedenfalls nicht passieren!

Aber wer weiß schon, wie die Eindrücke nach einer kleinen Verschnaufpause auf mich wirken werden …

Das Leben danach

Es ist schon seltsam, wie das menschliche Gehirn in der Lage ist, Stresssituationen einfach glatt zu bügeln und so zu verarbeiten, dass das, was einen über eine lange Zeit wirklich mitgenommen hat, gegen eine nebulöse Struktur, „da war doch irgendwas, aber so ganz genau kann ich mich nicht mehr erinnern" ausgetauscht wird.

Hat jemand „Men in Black" gesehen? Wenn ja, dann ist der Begriff „Geblitzdingst" sicherlich noch präsent!

Genau so muss das vor sich gehen! Ich werde noch mal zu Hause nachschauen, ob nicht doch so ein Gerät irgendwo zu finden ist. Aber dann bliebe die Frage offen: „Wer hat es dann gegen mich benutzt?"

Meine Frau sollte hoffentlich ausscheiden, aber so ganz sicher darf man sich im Leben ja eigentlich nie sein. Da gibt es seltsame Filme im Kino, die haben schon ganz andere Enthüllungen erbracht.

Stopp! Wenn ich so weiter mache, dann werde ich den Faden für das verlieren, was dieses Buch eigentlich vermitteln soll: Eine seriöse Berichterstattung, wenn auch mit manchem Augenzwinkern, über ein Leben auf dem Wasser dieser Welt.

Das Leben danach ist das Leben davor. – Man verzeihe mir diese plumpe Adaptierung der Aussage eines Sport-Philosophen[1].

Aber genauso ist es wohl zu sehen.

Denn was passiert, wenn ein Seemann (bin ich schon einer?) nach einer Seefahrt nach Hause kommt?

Als Erstes ist eine unglaubliche Erleichterung von den Strapazen, die ein unentwegter Dienst rund um die Uhr, rund um die Woche, rund um die Monate mit sich bringt, zu spüren.

---

[1] Ich denke, Sepp Herberger kann man so betiteln – oder?

Ein Mensch ist eben keine Maschine und wenn doch, dann sind wohl auch mal Boxenstopps fällig.

Es gilt, möglichst vielen geliebten Menschen in der näheren Umgebung mit dem Esprit der erlebten Geschehnisse eben diese nahezubringen, ohne dass die Staunenden jemals in der Lage sein werden, das wahre Ausmaß einer Monate dauernden Schiffsreise nachzuvollziehen.

So werden die Präsentationen des Erlebten mit der Zeit der Reaktion des Publikums angepasst und die Anzahl der gezeigten Bilder um eine Dezimalstelle reduziert.

Um den Zeigungsakt wirklich artgerecht durchzuziehen, habe ich mir dann angewöhnt, aus den vielen tausenden von Bildern ein paar mir ganz wichtige in einem Fotobuch mit kleinen erklärenden Texten zu verewigen. Das erlaubt dem Betrachter bei wirklichem Interesse an bestimmten Sachverhalten, dieses in fragender Weise zu äußern, worauf dann sofort meine große Stunde naht und ich die sorgsam zurückgehaltene Bilderflut auf die Unvorsichtigen niederprasseln lasse.

Und jetzt kommt natürlich die Auswirkung von den ganzen gesammelten Eindrücken: Dadurch, dass man ja nicht unbedingt die schlechten Situationen in die Sammlung aufnimmt, verblasst so noch mehr der eigentliche Grund, nicht mehr zu diesem Tatort zurückzukehren.

Und spätestens jetzt kommt eine leise Vorahnung beim Leser auf, die da sagt: „Hmm, schade, jetzt hätte ich das Buch fast schon durch gehabt. Der wird doch nicht etwa ...?"

Ja, so einfach wird man mich nicht los, wenn ich erstmal im Fahrwasser des Traumschiffs schwimme und mal ganz ehrlich: Wäre doch traurig, wenn es jetzt schon vorbei gewesen wäre, oder? Wenn nicht, dann schenken Sie dieses Buch ganz schnell jemandem, der es auch zu schätzen weiß!

Es ist ein Phänomen, das ich dann bei anderen, die das erste Mal auf dem Schiff waren, immer wieder beobachten konnte: „Nein, ich werde nicht wieder kommen. Das war das erste und letzte Mal!"

In meiner Eigenschaft als Selbstbetroffener kann ich diese Aussage heute gut nachvollziehen und jetzt diese Mitteilung der „Neulinge" als eigentlich ernst gemeint, aber meines Wissens nie durchgeführt, einstufen.

Mea Culpa, ich bin mit in diesen erlauchten Kreis der Weicheier eingetreten. Große Klappe und mal wieder nix dahinter.

Und das, obwohl ich meine Sachen sonst eigentlich schon so durchziehe, wie ich es sage. Hmm, ist das jetzt eine Art Wort-, nein schon eher eine Art Schiffbruch!

Zweite Heuer

Ich weiß nicht wie es Ihnen eigentlich geht, aber wenn man schon genau so eine Reise gemacht hat, dann sollte vor der nächsten eigentlich die Anspannung auf Grund der gewohnten Umgebung weniger werden. Ist ja auch easy: Man weiß ganz genau, worauf man sich einlässt.

Moment mal, das wird der Kern des kleinen Hundes mit der wohl nicht gewollten Frisur[1] sein.

Gerade wenn man sich ganz genau ausmalt was einen erwartet, kommen einem die verrücktesten Ideen in den Kopf.

Ist das genau der Weg, den ich als Fisch eigentlich gehen wollte? Die Erfüllung, von der ich lange geträumt habe, werde ich sie diesmal an Bord finden?

Werden die Eisberge andere Schiffe rammen und Monsterwellen andere Monster verschlingen?

Diese bunte schillernde Welt, die ich bei der ersten Fahrt erlebt habe: Werden sich die Eindrücke wiederholen?

Wird man nach solch einer Pause nochmals seekrank?

Kann ich mich noch an alle Namen erinnern?

Welche Arbeiten kommen auf mich zu, welche Herausforderungen werde ich erleben?

Werde ich allen Ansprüchen gewachsen sein?

---

[1] Sie kennen sicherlich diese Rasse: Pudel, die manchmal wie ein abgenagter Knochen aussehen, weil sich Frau- und Herrchen mal wieder den Gang zum Hundefriseur als „Belohnung" für Clara ausgedacht haben, damit sich das Tier von den bösen Artgenossen in der freien Wildbahn positiv unterscheiden kann. Dabei würde Clara doch wohl bestimmt gerne mal ein wenig böse sein...

Ein kluger Philosoph[1] hat mal gesagt: „Ich weiß, dass ich nichts weiß!" – Woher der das wohl wusste?

Das ist das fatale an der Situation: Je mehr man erlebt hat, desto mehr Respekt hat man in den nächsten Wochen und Monaten vor den nicht zu berechnenden Allüren der See, des Schiffes, der Crew und der Gäste.

Und je mehr glatt gegangen ist, desto eher vermutet man, dass es ja nun wohl auch mal höchste Zeit für das ein oder andere ernste Problem sein müsste.

Und da gibt es ja immerhin noch den Klabautermann der Elektroniker: Murphy!

Laut Wikipedia (und eigenen Erfahrungen) ist Murphys Gesetz (engl. Murphy's Law) eine auf den US-amerikanischen Ingenieur Edward A. Murphy, jr. zurückgehende Lebensweisheit, die eine Aussage über menschliches Versagen bzw. über Fehlerquellen in komplexen Systemen macht.

Murphys Gesetz lautet:
„Whatever can go wrong will go wrong.",
oder in der Sprache meiner Vorfahren wiedergegeben:
„Alles, was schiefgehen kann, wird auch schiefgehen."

Und da an Bord zigtausend Komponenten miteinander in Zusammenhang stehen und diese wiederum von Menschenhand in dieses Schiff und diesen Zusammenhang gebracht wurden, so muss einem bei 175 x 25 x 46 m Stahl schon mal gestattet sein, ein wenig Ehrfurcht vor der zu erledigenden Aufgabe zu haben.

Und da ich nach meiner ersten Reise ja nun dieses verhängnisvolle Wissen angesammelt habe, wurde ich kurz vor Antritt der nächsten Heuer einfach unruhig.

---

[1] Gemeinhin hat sich Sokrates mit diesem Satz ein Denkmal gesetzt, aber ursprünglich soll es wohl doch von Platon gesagt worden sein. Also: Ich weiß, dass ich es nicht weiß!

Kiel oben

Keine Angst, es hört sich nur dramatisch an, weil ich es so will. Des Rätsels Lösung ist ganz einfach: Von meinem Wohnort aus gesehen muss ich diesmal nach „oben"[1] fahren um nach Kiel zu kommen. Von dort aus wollen wir diesmal starten und noch weiter „oben" den Norden unsicher machen.

Es ist Juni und das bedeutet für das Traumschiff: Die nördliche Hemisphäre soll erkundet werden. Bambusröckchen gegen Seehundfelle – alles zu seiner Zeit und an seinem Ort!

Der letzte Abend vor unserer Abreise wurde von dem Abschlussfeuerwerk der Kieler Woche gekrönt. Dabei ist mir, wie ich erst hinterher entdeckte, ein „Phönix" in die Kamera geflattert.

Wo hätte dieser besser entstehen können, als mitten im schönsten nächtlichen Feuer!

---

[1] „Oben" ist auf einer Kugel, wie es die Erde ja im Idealfall im gut sortierten Fachhandel als Miniatur zu kaufen gibt, natürlich höchst relativ. Als angepasste Bürger der Nordhalbkugel haben wir uns deshalb das Recht herausgenommen, uns als „oben" zu deklarieren. Was „unten" passiert, war deshalb auch der Evolution für eine lange Zeit vollkommen egal, bis eben irgendwann die Südhalbkugel erfunden wurde, die dann den „unten" lebenden Menschen Lebensraum geben musste. Das gipfelte am deutlichsten im Begriff „Antipoden", die lange Zeit mit Erstaunen beobachtet wurden, da sie auf dem Kopf herum und ohne von der Erde zu fallen dort lebten!
Hätten also diese Antis die Landkarten erfunden, würde wohl vermutlich der Süden nach oben zeigen...

Da konnte ich endlich den Witz verstehen: „Wo warst du denn im Urlaub?" – „Keine Ahnung, ich habe die Bilder noch nicht entwickelt!"

Nach diesem Spektakel hieß es „Leinen los!" und ab nach „oben" – nach Norwegen.

Die Ostsee ist ja nun für ein Schiff dieser Größe ein „kleiner Teich" und so ist es eine geruhsame Fahrt zwischen Dänemark und Schweden hindurch.

Mein persönliches Highlight auf dieser Fahrt ist die Öresund-Brücke[1], die schon aus der Ferne imposant erscheint und einen auf die richtige Größe zurückschrumpft, wenn man dann unter ihr durchfährt. Schon eine verblüffende Konstruktion, da diese Brücke auf der dänischen Seite über einen Tunnel zu erreichen ist. Sie hat so ein wenig etwas von einer Achterbahn.

---

[1] Der Öresund ist eine Wasserstraße in der Ostsee, die Dänemark von Schweden trennt und deren Breite auf der Höhe von Kopenhagen und Malmö ca. 16 km beträgt.

Fjord Fiesta

Wenn ich „Norwegen" höre, dann assoziiere ich das mit Fjorden. Und tatsächlich: Schon die erste Stadt, die wir anfuhren, lag in einem solchen Fjord. Und ein wenig dachte ich schon, wir hätten uns verfahren, denn wenn man kurz mal nicht aufpasst, und links statt rechts weiterfährt, dann kommt man eben nicht nach Oslo sondern nach Drammen. Ein Blick in den Fahrplan: Wir wollten auch nicht nach Oslo und da ich Großstädte eh nicht so gerne mag, habe ich mich über eine ländliche Idylle, die im Morgennebel auftauchte, dann umso mehr gefreut.

Ich feierte also meine erste Begegnung mit Norwegens Fjordlandschaft und Feier heißt auf Spanisch bekanntlich „Fiesta". Das hat nun überhaupt nichts mit dem Land dort zu tun, aber das Wortspiel musste einfach als Überschrift herhalten.

Die „Rücktour" war gemütlich, unspektakulär und streifte die Häfen von Göteborg und Malmö in Schweden, und Svaneke auf der dänischen Insel Bornholm. Wenn man hier die Gelegenheit hat, sollte man sich die golden geräucherten „Bornholmer" nicht entgehen lassen. Das sind die Heringe, die auf dieser Insel wohl ihrer wahren Bestimmung zugeführt werden.

Jetzt ging es wieder nach „oben", der Hauptstadt Schwedens entgegen. Das Besondere an der Einfahrt nach Stockholm sind die Schären[1]. Hier erlebt man alle Gefühle, die man als Kind beim Schauen von Filmen wie „Pipi Langstrumpf", „Ferien auf Saltkrokan" oder „Die Kinder von Bullerbü" hatte, nochmal neu.

Etwa vier Stunden ist man von der Küstenlinie bis zur Stadt unterwegs und wenn man die Gelegenheit dazu hat, nach draußen zu sehen, dann wünscht man sich nichts sehnlicher, als hier leben zu dürfen.

Die in unserem Land traumatisch publizierte Mär „Messer, Gabel, Schäre, Licht, ist für kleine Kinder nicht!" scheint hier kein Gehör zu finden, denn auf den Schären leben in den Sommermonaten viele Familien mit ihren Kindern. Diese wiederum heißen auf Schwedisch „Barn", was mich schon wieder grübeln ließ, wie denn nun der Begriff „Nach-Barn" entstanden sein kann.

Nach der kurzen Grübel- und Schwelgerei drängte sich allerdings die nicht unerhebliche Frage auf: Was machen die Menschen hier, wenn es bitterlich kalt und eben Winter ist?

---

[1] Schären (schwedisch Skär; norwegisch Skjær oder Skjer) sind kleine Inseln, die in den Eiszeiten entstanden, als das Inlandeis die darunterliegenden Gesteinsmassen überströmte und abschliff.

Darauf habe ich eine klare Antwort: Keine Ahnung, dann bin ich schon lange in der Karibik und schwelge dort vor mich hin.

Stockholm selbst stellte sich bei meinem ersten Besuch als eine Stadt dar, die ich gerne nochmal wiedersehen würde.

An diesem Abend war jedoch „Hard RockCafe" angesagt und diese Location[1] hat bei der Crew so etwas wie Kultstatus. Um irgendwo auf der Welt eine Orientierung zu haben, wird solch ein Café immer wieder angelaufen, ein Shirt oder Hemd mit dem ortsspezifischen Aufdruck gekauft und in die Trophäensammlung integriert.

Der Abend war relativ kurz, teuer und mit dem Großraumtaxi ging's dann wieder zurück zum Träumen auf das Schiff.

Ein neuer Anlauf von Skandinaviens Gestaden zu der Stadt der Städte in Russland – Sankt Petersburg.

Knapp 700 Kilometer Luftlinie in Richtung Osten sind zu fahren. Das ist für die „Deutschland" in einem Tag zu schaffen.

Auf der Strecke die wohl schönste Etappe ist das Passieren von Kronstadt. Das ist eine frühere Festung auf der Ostseeinsel Kotlin vor Sankt Petersburg in Russland. Die Insel ist durch den „Petersburger Damm" mit der Stadt verbunden. Bemerkenswert ist die Durchfahrt durch den Damm, denn hier herrscht ein reger Schiffsverkehr in beiden Richtungen.

---

[1] Sagt heutzutage noch jemand „Ort" dazu? Aber schon die Römer hatten den „Locus", wobei das damals wohl nicht unbedingt dieselbe Bedeutung wie heute hatte. Ganz aktuell ist Locus ein Standortverzeichnis von Behindertentoiletten, die mit dem Euroschlüssel benutzt werden können.

Von dort sind es etwa 30 Kilometer bis zur Einfahrt in die engen Kanäle des Industriehafens, dann weiter über die Neva bis zur ersten Brücke, die nur noch von Binnenschiffen zu unterfahren ist.

Von hier aus kann man leicht zu den begehrten Sehenswürdigkeiten kommen, wenn man das natürlich zu schätzen weiß und sehen mag.

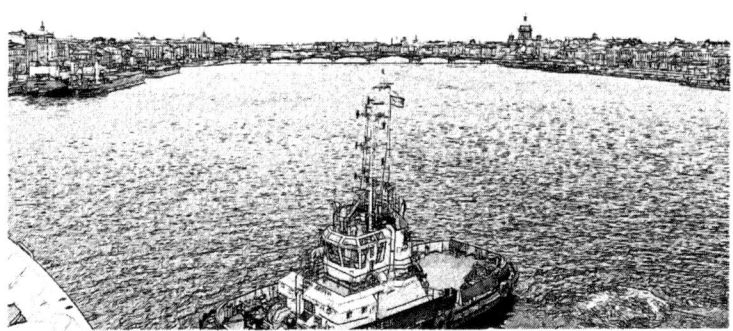

Da ich ja nun bekanntermaßen nicht so ein Stadtfanatiker bin, ist das Drumherum für mich eher weniger interessant. Vielleicht bin ich ja auch nicht würdig, dies alles zu sehen?

Den berühmten Schlitten, ja den hätte ich gerne gesehen. Gehört von ihm habe ich nahezu jede Weihnacht!

Und hier ist es schön, mit einem so „kleinen" Schiff wie der „Deutschland" zu reisen.

Die riesigen Monster-Kreuzfahrtschiffe müssen weit außerhalb der Stadt anlegen und die Gäste werden mit Bussen hin und her geshuttelt[1]. Da kommt ein ganz klein wenig Schadenfreude auf ...

Vorbei an angelnden Russen machen wir uns, natürlich wieder den schmalen Grat bis Kronstadt befahrend, auf den Weg nach Lettlands Hauptstadt Riga.

---

[1] Das begehrteste Fortbewegungsmittel außerhalb eines Kreuzfahrtschiffes: Der Shuttle-Bus. Dieser fährt meistens direkt vom Schiff in die Stadt und zurück. Er darf auch von der Crew benutzt werden, wenn die Reisenden noch Plätze übrig lassen.

Das Erste, was mir bei der Annäherung auffällt, ist, dass die alten Wahrzeichen ganz locker von den neuen übertrumpft werden.

Scheint überall auf der Welt derselbe Vorgang zu sein. Trotzdem ist die Altstadt in Riga einen Fußmarsch wert. Denn wieder sind wir so dicht an dem Stadtzentrum, dass wir es bequem per pedes erreichen können.

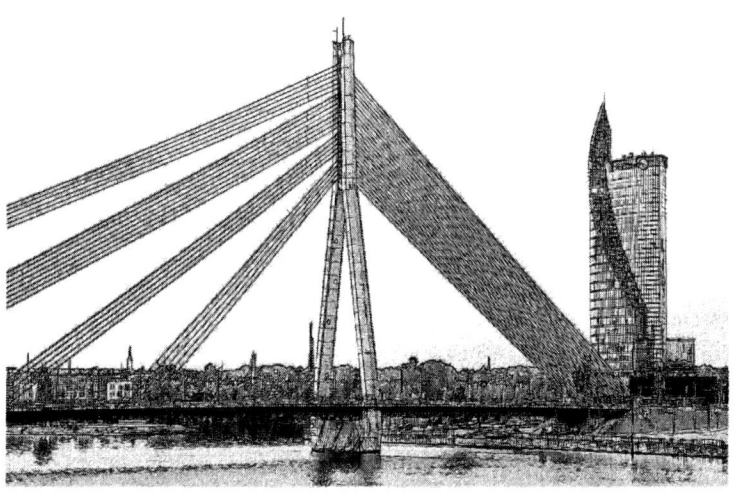

Mit Lettland ist die erste Sommeretappe abgeschlossen und wir brechen in Richtung Heimat auf. Diesmal ist das Endziel Travemünde.

Es ist jedes Mal ein wahrhaftes Vergnügen, diesen Ort anzulaufen. Die „Deutschland" wird beim Ein- und Auslaufen von den Zuschauern an Land gefeiert wie ein beliebter Fernsehstar.

Kein Wunder, sie IST ein beliebter Fernsehstar!

Raus – Rein

Immer, wenn wir am Ende einer Reise sind, beginnt ein Ritual, dass man sonst eigentlich nur beobachten kann, wenn man mit scharfem Blick einen Ameisenhaufen betrachtet.

Einen Abend, bevor die sogenannte „Ausschiffung" beginnt, überlegen sich die Gäste, was sie noch so am Leibe tragen wollen bis zum nächsten Tag[1]. Denn der Rest wird, verpackt in dickbäuchigen Reisekoffern, die sie vor der Kabinentür deponieren, von Trage-Ameisen an einen für sie unsichtbaren Ort gebracht und zu wahren Türmen aufgeschichtet. Dieser Ort ist auf Deck 3 und hat schöne große Außentüren (Pforten genannt), die dann mittels Förderbändern mit dem rettenden Pendant an Land überbrückt werden.

In den Breitengraden, in denen wir uns im Moment aufhalten, ist die Pack-Arbeit für die Crew dann auch schon beschwerlich, aber durchaus noch ertragbar. Viel schlimmer sieht es in tropischen Gewässern aus, wenn die Temperaturen bei 35° liegen und die Luftfeuchtigkeit bei über 80 %. Dort wurde vermutlich die Transpiration erfunden, deren Produkt aber leider, durch die ohnehin schon immense Sättigung der Luft mit Feuchtigkeit, kaum absorbiert werden kann und deshalb überflüssige Körperflüssigkeit einfach am Entstehungsherd der Schwerkraft zum Opfer fällt.

Die Gäste merken von dieser Prozedur nichts, denn sie sind auch viel zu beschäftigt mit der Überprüfung der Abschlussrechnungen, die erst zum Abschluss der Reise die Urlaubsstimmung auf einen bedrohlichen Tiefpunkt sinken lassen können, wenn man nicht ständig die Extraleistungen im Auge gehabt hat.

---

[1] Laut verlässlicher Quelle soll es schon einmal jemand gegeben haben, der am nächsten Tag nur noch ein Nachthemd für die Heimreise besaß.

Die Hotelcrew steht Spalier und verabschiedet die Gäste, meist mit Namen, denn viele von Ihnen fahren nicht zum ersten Mal mit diesem Schiff.

Draußen saugen dann meist Busse den nicht endenden Strom an Reisenden ein und spucken sie dann am nächsten Flughafen wieder aus.

Dort sind dann auch schon die neuen „Paxe" angekommen, die wieder mit dickbäuchigen Koffern und intakter Laune in die Hände der erwartungsvollen Besatzung eilen.

Der Vorgang, bei dem das Schiff mit neuer „Fracht" versorgt wird, heißt dann auch „Einschiffung". Dies hat nichts mit dem umgangssprachlichen Fehlausstoß von verdauter Körperflüssigkeit zu tun, sondern ist einfach das Gegenteil der „Ausschiffung".

Für die neuen Gäste, die noch nie auf einem Schiff waren, ist das der entscheidende Augenblick, in dem sie mit allen Sinnen krampfhaft versuchen, sich den aktuellen Standort, die Richtung zu den Kabinen und, noch viel wichtiger, die Richtung zu den Nahrungsaufnahmestellen zu merken.

Es misslingt etwa 90 % aller Neuzugänge.

Die mitgebrachten Gepäckstücke werden dann, je nach Witterung mehr oder weniger feucht, zu den jeweiligen Kabinen gebracht und dort, meist von weiblicher Hand, in die dafür vorgesehenen Stellen verstaut.

Denjenigen, denen das „Rein und Raus" zu anstrengend ist, bleibt eine ziemlich raffinierte Möglichkeit, dem Ganzen zu entgehen: Sie bleiben einfach für mehrere Reisen auf dem Schiff, verprassen zum Ärger ihrer Nachkommenschaft jede Menge Geld und heißen dann „Transiter"[1]. Also sozusagen ein „Durchmarsch", der dem umgangssprachlichen Vergleich zum „Einschiffen" durchaus ähnelt.

---

[1] Transit (von lat. trans „durch", ire „gehen")

Dann gibt es noch eine dritte Gattung, die, dann wieder persönlich vom Hotelmanager mit Namen begrüßt, wieder mal an Bord sind. Die sogenannten „Repeater[1]".

Sie sind mit allem vertraut, mit allen Richtungen und Decknamen[2], mit den häufigen Zeiten der Nahrungsaufnahme, den Ritualen, ja und auch mit der wellenförmigen Fortbewegungsmethode des Schiffes bei schwerer See. Man kann sie oft mit verstohlenen Blicken auf die noch zu konditionierenden „Neuen" schielen sehen, um ihnen ihr Mitgefühl bei der Überbringung von Opfergaben[3] an Neptun auszudrücken.

Diese Repeater werden mit verschiedenfarbigen Ehrennadeln dekoriert, damit man in etwa abschätzen kann, wie groß die Schadenfreude wohl werden mag.

---

[1] Man verwendet das deutsche Wort „Wiederholer" mit Absicht nicht, da dieses einen negativen Beigeschmack in den Erinnerungen mancher, die während der Schulzeit eine „Ehrenrunde" drehten, haben könnte.

[2] Ein Deckname ist hier nicht im Sinne von Spionagetätigkeit zu sehen sondern bezeichnet einfach ein Deck mit einem Namen, damit man ein Gefühl für die Wichtigkeit und Funktion dieses Decks bekommt.

[3] Ich weiß nicht, ob Neptun diese Art von Opfergabe mag, aber was sagt man nicht so alles, um Erbrochenem ein wenig das Eklige zu nehmen.

Müll raus – Neues rein

Und das, was nun wirklich kein Gast mitbekommt, ist die Entsorgung von entstandenen Rückständen über die Abfallwirtschaft des angelaufenen Hafens und die Zufuhr von allem, was für die nächste Zeit an Bord gebraucht wird.

Man sieht aus dem vorhergegangenen Satz, dass es nicht, wie die landläufige Meinung uns manchmal kundtun möchte, jeder Müll einfach ins Meer entlassen wird.

Dieses bleibt einzig und allein den Restbeständen der Nahrung nach der Transformation durch den menschlichen Organismus vorbehalten. Und damit auch dieses einen gefälligen Namen erhält, heißt das einfach „Schwarz- und Grauwasser".

Bei der Zufuhr von Frischwasser, Betriebs- und Treibstoffen spricht man vom „Bunkern[1]". Dies kommt aus der Bezeichnung der Lagerräume, die dann natürlich „Bunker" heißen.

Besonders aufwändig und schwer abschätzbar ist natürlich das Einlagern von Lebensmitteln und anderen Dingen, die auf einer Reise benötigt werden. Es ist schon eine logistische Meisterleistung, die der Verantwortliche dafür, der F&B-Manager[2] in Absprache mit den Chefköchen und Restaurantmanagern auszuführen hat. Es ist ja nie vorhersehbar, wie genau die nächsten Gäste „ticken" werden und was so alles verbraucht wird. Wer schon mal eine Familienfeier organisiert hat, der weiß, wovon ich spreche.

Und ein Bringdienst, wenn etwas vergessen wurde, ist immer nur sehr schwer und kostenintensiv zu bekommen.

---

[1] Umgangssprachlich bezeichnet man mit Bunkern auch die Hortung von Gütern über einen bestimmten Zeitraum aufgrund einer befürchteten baldigen Verknappung. Auch vielen unter dem Begriff „Hamstern" bekannt.

[2] F(ood) & B(everage) = Nahrung und Getränke

Und wenn dann dochmal etwas schief geht, dann steht alles Kopf ...

Aber meistens geht eben nichts schief und so ist dann das Schiff auch zum Auslaufen bestens gerüstet für neue Abenteuer in fremden Ländern.

Crew-Wechsel

Natürlich bleibt auch die Crew nicht bis an ihr Lebensende an Bord. Das sieht man nur in merkwürdigen Piratenfilmen, wo dann selbst die Skelette der Mannschaft noch ihren Dienst verrichten.

Jedes Schiff hat eine ganz bestimmte Anzahl von Personal, das in den Bereichen Nautik[1], Maschine[2], Deck[3], Service[4] seinen Dienst verrichtet.

Und da man ja vom „um die Welt reisen" auch mal Urlaub machen muss, so müssen das eben auch diese un- und sichtbaren Gestalten, die sich mehr oder weniger vor den Reisenden verborgen an Bord befinden.

Nun wechselt aber auch nicht die komplette Crew, so wie man es beim Flugzeug beobachten kann, sondern immer nur ein Teil. Für viele unter der Mannschaft ist es dann immer ein Abschied und ein Willkommen, wenn man Freunde gehen sieht und andere dafür kommen.

Und je nachdem, wie lange ein Crewmitglied insgesamt auf dem Schiff fährt, so gehen diese Perioden ähnlich der Jahreszeiten an einem vorbei. So ist es bei mir schon vorgekommen, dass ich in meinem Garten etwas angepflanzt habe und erst nach der Ernte wieder zu Hause war.

---

[1] Nautik ist die Lehre von der Führung eines Schiffes (Steuermannskunst). Vorgesetzter: Der Kapitän

[2] Alles, was sich um die Technik des Schiffes dreht: Antrieb, Elektrik, Klimatechnik, Wasser usw. Vorgesetzter: Der Chief

[3] Die Mannschaft, die mit dem Betrieb an Deck zu tun hat. Vielen als Matrosen bekannt. Vorgesetzter: Der Bootsmann

[4] Ist für das Wohlergehen der Gäste und den damit verbundenen Betrieb zuständig. Vorgesetzter: Der Hotelmanager

Weiter geht's

So, jetzt haben wir alles gewechselt, nun kann es endlich weitergehen. Diesmal mit etwas Schwung in Richtung Großbritannien.

Der Schwung geht bis Nyborg in Dänemark, dort wo die 18 Kilometer lange „Große Belt Brücke" Ost- und West-dänemark miteinander verbindet. Danach wieder retour und die Abkürzung in die Nordsee genommen: Der Nord-Ostsee-Kanal (in dem Fall natürlich der Ost-Nordsee-Ka-nal). Die Durchfahrt dauert ähnlich lange wie die durch den Panama-Kanal, ist nur weniger spektakulär vom Schiff aus. Anders sieht es aber von Land aus, wo auf allen Brücken stets Schaulustige ein lautstarkes „Ahoi" zu Gehör bringen.

Das schönste Erlebnis war die Liebeserklärung an ein Crewmitglied, die von einer Brücke ausgehängt wurde.

Am nächsten Morgen machten wir dann noch einen Schlen-ker über Helgoland. Wer diese Hochseeinsel kennt, der weiß natürlich, dass wir dort nicht in einen Hafen einlau-fen konnten, sondern mit den Tenderbooten[1] übergesetzt wurden.

---

[1] Tenderboot = Motorboot, das als Hilfsfahrzeug (Zubringer- bzw. Anlandungsschiff in der Passagier- und Kreuzschifffahrt) von Schif-fen zu Wasser gelassen werden kann, bitte nicht verwechseln mit Tender = Versorger; Mutter- und Versorgungsschiff, Begleitschiff, Hilfsschiff der Marine.
Die Helgoländer sagen einfach „Ausbooten" dazu, hat in diesem Fall nichts mit „Abservieren" zu tun.

So ankerten wir vor Helgoland Düne, einer vorgelagerten Badeinsel mit integriertem Flugplatz. Die Flugzeuge machen ihren Landeanflug ähnlich der Situation auf St. Maarten in der Karibik direkt über die Köpfe der Badegäste.

So gab es auch genug zu sehen, selbst wenn man nicht auf die Hauptinsel mit ihren „zwei Stockwerken" fahren konnte.

Noch ein kleiner Schlenker über Hamburg gemacht, nochmal Wechsel der Kurzzeit-Gäste und dann endlich Kurs auf die Insel, die die Nordsee vom Atlantik trennt. Zu dieser Reise hatte ich meine Frau mit an Bord. Jede(r) See(mann/frau) darf für eine bestimmte Anzahl Tage im Jahr seine(n) Lebensgefährt(in/en) mit an Bord nehmen. Dafür gelten bestimmte Regeln bezüglich der Unterbringung und das Verhalten auf dem Schiff. Zum Beispiel findet die Nahrungsaufnahme in der Crewmesse und nicht in den Restaurants für die Gäste statt. Und man teilt sich die „Kammer" und wohnt eben nicht in einer Suite. Hat ein wenig von Jugendherberge. Dafür wird dann ein gewisser Obolus entrichtet. Ansonsten kann sich der Partner relativ frei auf dem Schiff bewegen.

Schön ist es, wenn es mehrere „Besucher" auf dem Schiff gibt, dann ist es für alle nicht ganz so langweilig, denn wir müssen gelegentlich ja schließlich auch arbeiten ...

So war diese Fahrt in doppelter Hinsicht für mich etwas Besonderes, denn mitten drin hatten wir auch noch unseren Hochzeitstag[1]!

Der „Kanal" ist eine der meistbefahrenen Wasserstraßen der Erde und deshalb ist eine hohe Aufmerksamkeit der Brückenbesetzung notwendig, damit wir sicher zu unserem ersten Britischen Ziel kommen: London.

Hier war eine wichtige Mission zu erfüllen, denn während der Olympischen Sommerspiele 2012 sollte das Schiff als „Deutsches Schiff" verschiedene Veranstaltungen beherbergen und nach den Spielen die Sportler nach Hause bringen.

---

[1] Vielen Dank an dieser Stelle an Käpt'n Jungblut, der uns zu diesem Anlass einen Platz beim Gala-Dinner geschenkt hat. Das ist dann wirklich so, wie wir es dann alle aus dem Fernsehen kennen: Polonaise mit Eisbomben und Wunderkerzen und der allseits bekannten Melodie dazu! Kitschig? Ja, ist es wohl, aber da geht man gerne durch.

Passt

Der Ort, an dem die „Deutschland" liegen sollte, hatte ein „Nadelöhr" als Handicap: Eine Schleuse, die eigentlich nur einen Hauch größer war als unser Schiff. Theoretisch waren die Vermessungen schon gelaufen, aber praktisch kann immer noch irgendeine Unwägbarkeit auftreten, die niemand vorher bedacht hat. Deshalb jetzt der finale Test.

Von oben betrachtet schien es eigentlich unmöglich, aber mit jeweils 40 cm Abstand zu jeder Seite passte das Schiff in das Schleusenbecken wie Fleisch in eine Wurstpelle. Es glückte, und die „Deutschland" war das größte Schiff, das jemals durch diese Schleuse in die „India Docks" eingefahren ist.

Der Käpt'n hatte also alles im Griff, jetzt ging es mir an den Kragen: Internet und Fernsehen werden auf Kreuzfahrtschiffen über steuerbare Satellitenschüsseln empfangen. Die Frequenzen, mit denen wir da zu tun haben, können wir mit einem Lichtstrahl vergleichen.

Das heißt: Wenn etwas undurchsichtiges zwischen mir und dem Satelliten steht, dann habe ich auch keinen Empfang. Jeder, der schon mal versucht hat, eine „Schüssel" anzubauen, wird gemerkt haben, wie pingelig genau das Ding auf kleinste Richtungsänderungen reagiert.

So „parkten" wir direkt vor einem Hochhaus, das mir doch tatsächlich die gewünschte Sicht auf meine begehrten Himmelskörper verwehrte.

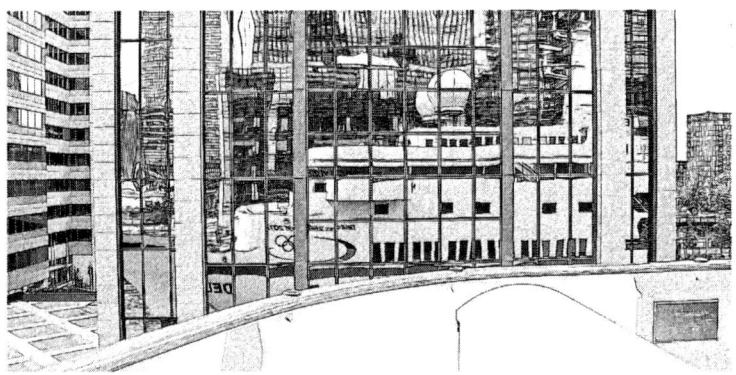

Nicht ganz wünschenswert, weil wir natürlich im nächsten Jahr unbedingt auf die Internet-Verbindung angewiesen waren. Deshalb der Test, deshalb ein neuer Plan.

Kabel müssen her! Selbst die modernste Technik muss sich manchmal den physikalischen Gegebenheiten fügen.

Und das ist ein schönes Gefühl! Ich liebe es, ziemlich viel über die Natur und deren Gesetze zu wissen, aber noch mehr bin ich davon berührt, wenn sich manches unseren Bemühungen und Sinnen widersetzt[1].

---

[1] Es ist einfach gut, zu begreifen, dass wir nicht immer alles bekommen können. Das lernte man früher als Kind, ist aber heute aus der Mode gekommen …

Auch „Menschenwunder", wie das London Eye, machten die Ehrfurcht eigentlich nur noch größer. Wie viel „Gehirnschmalz" musste investiert werden, um solch ein Gebilde zu errichten.

Ich freue mich schon auf nächstes Jahr, wenn, hoffentlich, etwas Zeit zur Verfügung steht, um London zu durchstreifen und ich hoffe Sachen zu sehen, die mich von meiner „Großstadtphobie" ein wenig befreien.

Wir haben fertig!

Am nächsten Tag ging die „Anprobe" dann auch schon wieder zu Ende und wir quetschten uns zurück auf die Themse.

Auch die Schleusenwärter hatten diese Art von Abenteuer wohl nicht jeden Tag.

Wir befreiten uns aus dem Griff der „India Docks" und machten uns auf den Weg, Themse abwärts und durch den Ärmelkanal[1] nach Portland.

---

[1] Eigentlich ist „Kanal" die Bezeichnung für etwas künstlich angelegtes, aber die Italiener haben mit dem Begriff „Canale" eine Röhre und Rinne bezeichnet. Andere Begriffe sind „Meerenge", „Straße", „Sund". Aus diesem Grund ist die Meerenge zwischen Frankreich und England ein „Kanal". Und Ärmel deshalb, weil er breit anfängt und sich wie ein Ärmel verengt.

Einmal 'rum

Wenn jetzt der geschulte Globetrotter „Portland" in den großen virtuellen Globus eingibt, dann erscheinen die Möglichkeiten „Portland, Oregon, USA" und „Portland, Maine, USA".

Wenn wir auch nur eine dieser Möglichkeiten ausgewählt hätten, dann wären wir doch nicht ganz genau dort hinge-kommen, wo wir eigentlich hin wollten: Zur „Isle of Portland".

Des Rätsels Lösung: Eine kleine Halbinsel, inzwischen eines dieser „Weltkulturerben"[1], die ganz unbedarft in den Ärmel-kanal hineinragt.

Von der Isle of Portland zieht sich ein ca. 25 km durchgängi-ger Strand, der bei sommerlichen 18° (das wärmste Wasser rund um Großbritannien) so richtig zum Baden einladen dürfte.

Es gibt selbst bei einem kurzen Landgang so einiges Uriges zu sehen und die Lebensfreude drückt sich hier in Straßen-musik und gut besuchten Pubs aus.

---

[1] Diese Weltkultur-Erberei ist eine gediegene Erfindung, um Menschen an Orte zu führen, zu denen sie im Leben nicht fahren würden, wenn sie nicht geerbt hätten. Zahlt man Erbschaftssteuer? Kann man das Erbe ablehnen? Ich weiß es nicht!

Nächste Station war Falmouth. Die (fast) südwestlichste Stelle von England, bevor man durch den St.-Georgs-Kanal zwischen Großbritannien und Irland einbiegt.

Ein knuffiger Ort, den man gut zu Fuß erkunden konnte und dabei einen tollen Blick auf das Schiff im Hafen hatte.

Die Lebensfreude der ansässigen Menschen kann nicht aus der Farbenpracht der Gebäude resultieren. Vermutlich sind es die inneren Werte, die hier zählen.

So, jetzt wurde also „abgebogen" und wir fuhren nach „oben". Ziel war Oban! So was kann ich mir immer merken. Eselsbrücken[1] sind mir mit meiner schwachen Merkfähigkeit immer wieder willkommen und so gibt es halt einige Häfen auf dieser Welt, an die ich mich immer gut erinnern, und andere, die ich mir auch nach wiederholtem Nachschlagen nicht merken kann.

Die Fahrt durch den St.-George-Kanal war eine Art Studium von verschiedenen Grautönen. Das Wetter half einem gut

---

[1] Esel sollen wohl sehr wasserscheu sein und deshalb wurden, selbst zur Überquerung kleinerer Bäche, extra für diese Gattung Brücken gebaut, damit diese es leichter zum anderen Ufer hatten. Also: Wer ans andere Ufer möchte, der sollte sich wie ein Esel verhalten.

dabei, in Ruhe seine Arbeit zu verrichten und nicht der Versuchung zu erliegen, nach draußen zu schauen.

Das Highlight auf dieser Tour war wohl dem zweiten Offizier vorbehalten, der mit einer gebührenden Zeremonie, Sekt und ein paar leckeren Häppchen zum „Ersten" befördert[1] wurde.

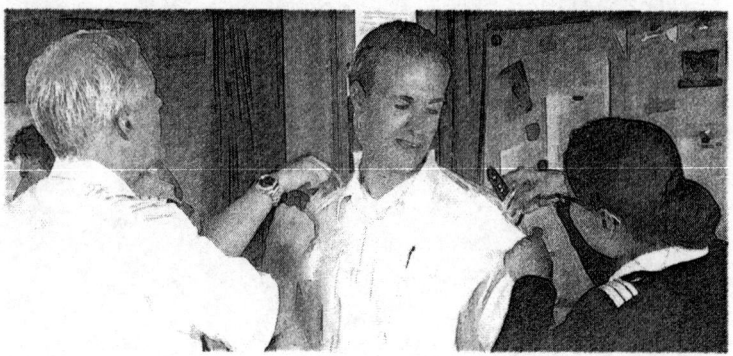

So kann einem selbst der graue Alltag noch eine angenehme Wendung bescheren.

Dann erreichten wir über die erwähnte Eselsbrücke Oban. Hier ist das Ziel für einen Single-Malt[2] Liebhaber natürlich die Destillery im Hafen.

---

[1] Beförderungen gibt es nicht in allen Bereichen, selbst wenn man noch so lange dabei ist. Bei den Nautikern jedoch wäre der nächste Schritt dann „Staffkapitän" und dann, wenn man ein Schiff in eigener Verantwortung befehligen darf, kommt es zur „Krönung" zum Kapitän.

[2] Zur Kompensation des grauen Wetters und der ebenso farbenprächtigen Häuser haben die Iren und Schotten (man streitet sich, wer's zuerst war) das „Wasser des Lebens" oder Schottisch/Gälisch „uisge beatha" erfunden. Daraus wurde dann für fremde Zungen der Whisk(e)y. Und hier gibt es jetzt den ursprünglichen, der aus einer einzigen Malzsorte = „Single-Malt" destilliert wurde. Mit einzigartigen und wechselnden Aromen. Werden davon mehrere Sorten gemischt, ist das ein „Blended". Dieser wird dann immer auf einen bestimmten Geschmack gebracht. Für uns Single-Malter ziemlich langweilig.

Zum ordentlichen „Tasting" in der Destillery kam es leider aus zwei Gründen nicht:

- Ich hatte nachmittags noch Dienst
- An diesem Tag hatte ich meine Frau dabei und wir feierten unseren Hochzeitstag

So nahm ich ein paar „Geschmacksproben" zur späteren Analyse mit an Bord.

An diesem Abend war ich auch nicht aktiv am Shanty-Chor beteiligt, sondern genoss mit meiner Frau den Abend aus der Sicht der Gäste. Da haben die Gäste mal Glück gehabt.

Die Einladung des Kapitäns zum Gala-Dinner hatte ich schon vorher erwähnt und das war dann ein würdiger und krönender Abschluss des Tages.

Kilt ist Kult

Und wenn es die ganze Zeit um Großbritannien „hoch" geht, dann mussten wir natürlich auch mal wieder „runter".

Die Umrundung des Teils, der den Atlantik von der Nordsee trennt war schon sehr beeindruckend. Hier gab es starke Strömungen und Strudel, die souverän von den Nautikern durchfahren wurden.

So kamen wir an unser nächstes Etappenziel: Edinburgh.

Wir unterquerten zwei bemerkenswerte Brücken, die über den „Firth of Forth"[1] führten. Wir „parkten" in Rosyth, das ist ein kleiner Hafen auf der gegenüberliegenden Flussseite.

Meine Frau hatte die Stadtbesichtigung von Edinburgh gebucht und ich hatte Glück: Als „Lolliträger[2]" durfte ich die Gäste auf dieser Tour begleiten. Kümmern, durchzählen, aufpassen, erklären. Dafür ist man auch mal auf einer solchen Fahrt dabei. Das geht natürlich nur, wenn alle anderen Arbeiten an Bord erledigt sind und die Genehmigung vom Vorgesetzten vorliegt.

Die Führung selbst übernimmt natürlich ein Einheimischer, in dem Fall war es John[3], der in mir den geheimen Wunsch weckte, mir einen Kilt mit Zubehör zu kaufen. Aber als ich dann mal zusammengerechnet habe, was das kostet, habe ich die schottische

---

[1] Kein Namensspiel sondern einfach erklärt: Der Fluss heißt dort „Forth" und eine Flussmündung heißt „Firth". Diese beiden Begriffe, nach Anweisung und gemeinsamen Übungen unseres Reiseführers mit zwei rollenden „RRRs" ausgesprochen, ergab dann die Mündung des Forth in Landessprache.

[2] Wenn man eine Tour führt, dann bekommt man eine Handkelle, die man in die Luft hält, damit auch der letzte noch erkennt, wo es vorne langgeht. Diese Kellen haben die Form eines großen Lollis, weshalb ich dann den Begriff „Lolliträger" für diese ehrwürdige Beschäftigung benutzt habe.

[3] Nein, ich habe ihn NICHT gefragt ...

Tracht widerstandslos den wohl doch nicht geizigen Schotten überlassen.

Edinburgh hat schon was und die gewachsene Struktur der vielen alten Gebäude konnte Ehrfurcht aufkommen lassen. Ein klein wenig war ich über das seltsame Gebilde an der Burg erstaunt, bei dem sich, meiner Meinung nach, die Ehrfurcht in Verwunderung verwandelte. Ein filigranes Stahlgerüst verwandelte den Vorplatz der Burg in eine Art Dauerbaustelle.

Auch die Erklärung, dass es sich dabei um die Tribüne für das wohl bekannteste Musikspektakel Schottlands handelt, das „Royal Edinburgh Military Tattoo[1]", das ich gerne einmal live erleben würde, konnte mich von dem Stilbruch nicht ganz überzeugen.

---

[1] Wiki hilft: Das Edinburgh Military Tattoo (von englisch tattoo = Zapfenstreich) ist das größte Musikfestival Schottlands. Es findet seit 1950 jedes Jahr im August auf dem Platz direkt vor dem Edinburgh Castle (der so genannten Esplanade) in der schottischen Hauptstadt Edinburgh statt. Das Edinburgh Military Tattoo ist Teil des Edinburgh Festivals und trägt seit 2010 den von Königin Elisabeth II verliehen offiziellen Titel Royal Edinburgh Military Tattoo.

Aber es gab etwas, das hat mich dann sehr für die Sitten der damaligen Burgbesitzer eingenommen: Ein eigener Hundefriedhof für die gewesenen besten Freunde der Soldaten.

Ich mag es, wenn ich inmitten von Tonnen von Gestein einen Funken Menschlichkeit entdecke.

Eine längere Reise durch dieses wunderbare Land steht, dessen bin ich mir sicher, irgendwann mal an.

Das ist auch einer der Gründe, die für ein Leben an Bord eines Schiffes sprechen: Man kann sich einen kurzen Eindruck über die verschiedensten Gegenden der Erde verschaffen, ohne gleich für 4 Wochen dort enttäuschenden Urlaub machen zu müssen. Erst mal schau'n und später dahin reisen, wo es schön schien. So werde ich es machen!

Weiter geht's: Rundgang durch die beeindruckende Burg, Rundfahrt durch Edinburgh und die umgebende wirklich sehr schöne Landschaft und zurück über den Firth of Forth zum Schiff.

Seemann, spiel auf!

Und dann packte mich ein lang gehegter Wunsch: Ich spiele leidenschaftlich gerne Keyboard[1], hatte „zufälligerweise" meins auch mit an Bord und bat den Käpt'n um Erlaubnis, beim Unterqueren der Brücken ein paar passende Stücke zum Besten geben zu dürfen. Er nickte!

Also habe ich auf Deck 10 aufgebaut und mich auf die Abfahrt vorbereitet. Es war schweinekalt!

Nach dem Ablegen, das jedes Mal von der „Traumschiff-Melodie" untermalt wird, fühlte ich mich bereit.

Der Kapitän machte eine Durchsage, dass eine kleine Dar-bietung an Deck stattfinden würde und ich legte los: „High-land Cathedral", „Mull of Kintyre" und schließlich, direkt unter den Brücken, „Amazing Grace".

---

[1] Ich bin begeistert, was die Technik heute alles bietet, um jemandem, der keine Noten kann, den Fingersatz nicht beherrscht und bei Har-monielehre an Familienglück denkt, zu erlauben, etwas durchaus Zumutbares aus diesen Zauberkisten hervorzulocken. Und eben diese Technik erlaubte es auch erstmalig, z. B. den quälenden Klang einer „Irish Pipe" naturgetreu zu erzeugen.

Meine Gänsehaut konnte auch von den eisigen Temperaturen herrühren, aber ich denke, mein Traum, diese Stücke einmal direkt in dieser Umgebung zu spielen, war die eigentliche Ursache. Die Gäste forschten nach dem unsichtbaren Dudelsack und das freute mich noch umso mehr.

Heimwehfahrt

Das war dann auch der ungekrönte Abschluss der Umrundung der alten Welt. Die Heimfahrt nach Hamburg war angesagt. Die gemeinsame Zeit an Bord mit meiner Frau ging dem Ende entgegen und ein bisschen Wehmut machte sich breit.

Nicht, dass es etwas dagegen zu sagen gibt, wieder in die Heimat zurück zu kehren und die Elbe aufwärts bis nach Hamburg in eine gewohnte Umgebung zu fahren. Nein, ganz im Gegenteil, ich liebe die Fahrt früh morgens, wenn sich die Sonne mit dem Bodennebel um die Marschen streitet und der Nebel sich dann widerwillig von den nassen Ufern löst, seinen Schleier lüftet und endgültig nachgibt. Ein unbeschreibliches Bild. Und ein gutes Gefühl des Nach-Hause-Kommens.

Gleichzeitig ist die Gewissheit da, dass es nach dem Aus- und Einschiffen, dem Ent- und Beladen auf die nächste Reise geht. Fort von dem Zuhause, für das man eigentlich diese eigenartige Arbeit macht, damit es dort schön ist. Ein bisschen blöd ist das schon, oder?

Ich hab's mir so ausgesucht und für die meisten ist es ja auch der Traum vom Reisen, vom Entdecken ferner Länder, Menschen, Gewohnheiten. Ein wenig von „Auf der Flucht" vor sich selbst.

Nach der Reise ist vor der Reise

Also: Augen zu, die Frau verabschiedet, Vorbereitungen für die nächste Reise getroffen und „schon" in einem Monat sieht man sich ja wieder ...

So soll wohl die Liebe der Matrosen aussehen, wie es von uns im Shantychor ja schließlich aus voller Überzeugung den Gästen vermittelt wird. Aber wir singen ja auch, dass wir am liebsten Rum trinken! Es scheinen sich da über die Jahrhunderte ein paar Unwahrheiten in das Liedgut eingeschlichen zu haben.

Es ist noch Sommer. Und im Sommer sind wir ja nun bekanntlich immer „oben" auf der Nordhalbkugel unterwegs. So führt uns die nächste Reise wieder auf dem umgekehrten Weg durch den Nord-Ostsee-Kanal über Warnemünde, einem kleinen „Schleifchen" über Kopenhagen nach Travemünde. Genau: Der Hafen mit dem jubelnden Publikum.

Die Reisen sind unterteilt nach Geldbeutel und Lust auf Meer. Wenn man im ersteren den Boden noch nicht sehen kann, dann wird meistens eine längere Reise gebucht. Möchte man einfach nur einmal auf dem berühmten Schiff gewesen sein, dann reichen auch mal drei Tage. Schade, wenn mancheiner dann genau die drei Tage erwischt, an denen er seekrank wird.

Nun ist es auf der Ostsee im Allgemeinen schon extrem schwierig, genügend Seegang für die Berechtigung zur Übelkeit zu bekommen, aber nicht für jeden ist „Aalglatt" auch die Wahrnehmung, die er von der Fahrt über einen „Ententeich" hat.

Rettung naht

Besonders schlimm ist es natürlich, wenn solche Situationen, wie sie im Drehbuch immer eingeschoben werden um die Zuschauer wach zu halten, auftreten, die einen unerwarteten Reiseabbruch herbeiführen.

So geschehen eines Nachts so gegen zwei Uhr, als mich eine verräterische Meldung durch die Lautsprecher darauf aufmerksam machte, dass etwas nicht in Ordnung ist.

Dieses lautete einfach: „Patient auf die Back[1]!"

Hört sich für den Uneingeweihten nicht weiter tragisch an, aber wenn man nun weiß, dass eben auf der Back im Notfall ein Hubschrauber Menschen abbergen kann, dann wird man schon hellhörig, obwohl die Augen eigentlich noch ziemlich geschlossen waren.

Und als neugieriges Crewmitglied musste ich ja nun auch einmal live mitbekommen, wie so etwas in der Realität aussieht. Mit einem filmreifen Manöver wurde dann auch der Patient geborgen und ins nächste Krankenhaus geflogen.

---

[1] Die nicht überdachte Fläche am Bug des Schiffes.

Es ist ein beruhigendes Gefühl, wenn es solche Möglichkeiten gibt, um in lebensbedrohlichen Momenten schnell handeln zu können. Es ging alles gut aus!

So konnten wir dann auch ohne weitere Zwischenfälle die Ostroute über Riga, Tallinn, St. Petersburg, Helsinki, Stockholm, Travemünde zu Ende bringen.

Ab in die Kälte

Und da es immer noch Sommer war, ging es nochmal nach „oben". Diesmal sogar über den Polarkreis[1] hinaus.

Seit langem hatte ich schon mal von solch einer Fahrt mit einem Schiff der berühmten „Hurtigruten" geträumt. Es gab tolle Filmberichte darüber, eindrucksvolle Aufnahmen aus einem Land, in dem im Sommer die Sonne nicht untergehen wollte. Dafür war sie im Winter im Urlaub!

Und jetzt fuhr ich in diesen legendären Fahrwassern um meinen Wunsch wahr werden zu lassen.

Über Helsingborg in Schweden gelangten wir durch das Kattegat und den Skagerrak vom „Ententeich" in die Nordsee. Entlang der Küste Norwegens ging es dann bis hinter Haugesund, wo wir über den Hardangerfjord in den Eidfjord gelangten, an dessen Ende die gleichnamige Stadt liegt. Hier hatte das Schiff im Mai 2010 einen Maschinenbrand erlitten und wir wollten doch mal sehen, ob sich noch jemand an uns erinnerte.

Den nächsten Tag war dann endlich die begehrte Linie in Sicht, die kein Mensch sehen konnte: Wir überquerten den Polarkreis.

---

[1] Es gibt „oben" den nördlichen und „unten" den südlichen Polarkreis. Oben geht die Sonne bei der Sommersonnenwende am 21. Juni, unten bei der Wintersonnenwende am 21. Dezember gerade nicht unter. Der Breitengrad ist 66,56° und hat 2602 Km Abstand zu den Polen und 7383 Km zum Äquator.

Natürlich, wie sollte es anders sein, war Neptun wieder höchstpersönlich angereist und nachdem ihm der Kapitän bereitwillig das Schiff übergeben hatte, wurden die Gäste mit den üblichen unbequemen Ritualen über die unsichtbare Grenze getauft.

Ein kurzer Zwischenstopp noch in Leknes, das dann schon jenseits dieser Grenze lag und wir machten uns auf den Endspurt zum Nordkap.

Gute Hoffnung für das Kap

Genau genommen ist das Nordkap zwar geografisch nicht der absolut nördlichste Punkt Europas, aber gilt bis heute als der am nördlichsten besiedelte.

Wie ich vorher hörte, ist es dann auch wohl wirklich Glückssache, wenn dort mal schönes Wetter ist.

Wetter ist mein Ding! Wenn ich es unbedingt schön haben möchte, egal ob es sich zu Hause um eine Grillparty oder einen Ort auf der Welt handelt, den ich in schönem Wetter sehen wollte: Da hatte ich ein wenig Glück auf meiner Seite. Wenn ich das aber in einer Losbude versuche und nur noch zwei Lose übrig sind, von dem eins eine Niete ist, dann ziehe ich diese.

Aber ich bin ja nun mal Hobbyfotograf und da interessieren mich keine Nieten, da brauche ich gutes Wetter.

Und so hatten wir tatsächlich beim Umrunden des Kaps und der Ankunft in der Hafenstadt Honningsvag ein fantastisches Wetter und Temperaturen, die noch nicht mal eine Jacke erforderten.

Und, wie um meinen Traum zu bestätigen, lag dann auch ein Hurtigruten-Schiff im Hafen. Ich denke, das kann man dann so als Wunscherfüllung gelten lassen.

Auf zum Kap

Vom Hafen war das Nordkap ziemlich weit entfernt und in einer normalen Pause hätten wir das als Crew nicht erreichen können. Aber ab und zu gab es die Möglichkeit der Crewausflüge. Und ab und zu war gerade am Nordkap!

Wenn man dann auf der Fahrt solche Schilder sieht, dann kommt man schon ins Grübeln, ob nicht doch irgendetwas Wahres an der Geschichte mit dem dicken roten Mann dran ist.

Denn seine Schlittencrew war immerhin auch zu sehen und wohl gerade noch im Urlaub um Kraft zu tanken für den bevorstehenden Einsatz.

So erreichten wir den Punkt unserer Begierde und nahmen unendlich viele Eindrücke von diesem Ort mit.

Die Sicht war so genial, dass, wenn die Erde keine Kugel wäre, wir wohl den Nordpol hätten sehen können[1].

Und wie es sich immer wieder auf unseren Reisen zutrug: Auch von diesem imposanten Ort mussten wir wieder in Richtung „Heimat" ziehen, aber von den Eindrücken können wir in der Symbiose Foto / Gedächtnis wohl noch lange zehren.

Es gab ja auch wieder mehr zu gewinnen als zu verlieren. Der schönste Teil dieser Reise stand uns mit der Durchquerung der Fjorde ja schließlich noch bevor.

Was mir immer wieder, wohl bedingt durch meinen Foto-Spleen, gravierend aufgefallen ist, sind die Unterschiede der Formen und Farben auf den verschiedenen Reisen. Im Norden gibt es wundervoll warme Grün- und Blautöne, dafür aber oft schroffe Landschaften, die dem Auge einiges abforderten, um die Details zu erfassen. Die Sonnenuntergänge sind imposant und sehr klar und scharf umrissen. In Äquatornähe dagegen sind die Farben eher erdig, rötlich und im Vergleich der untergehenden Sonne ist diese dort an den Rändern ausgefranst[2].

Und ein wesentlicher Unterschied besteht eben noch in den Übergängen von Tag auf Nacht, wenn es während der Sonnenwende eben überhaupt Nacht wird. Je näher man dem Äquator kommt, desto abrupter wechselt sich hier Hell und Dunkel miteinander ab. Eine wunderschöne Fotoserie, wie sich dieser Vorgang während der Sommerzeit am Nordkap abspielt, ist dort als Exponat ausgestellt.

---

[1] Wobei es dann den Nordpol ja nicht gäbe, weil dieser ja nur auf einer Kugel gegenüber dem Südpol existieren würde …

[2] Es liegt wohl offensichtlich an den Luftspiegelungen durch den aufgeheizten Boden. Dabei erscheint die untergehende Sonne wie durch eine Art Riffelglas.

Back to the Hurtigrutes

Davon gehört zu haben, das ist eine Sache, aber selbst um Mitternacht auf die Jagd zu gehen, um unseren Lebens-spender mal während der Nachtruhe zu ertappen, das war schon was ganz anderes.

Die Mitternachtssonne auf frischer Tat ertappt.

Als kleines Problem stellte sich heraus, dass man immer, auch mitten in der Nacht, putzmunter war und eigentlich noch gar nicht schlafen gehen wollte. Der nächste Morgen holte einen dann aber dann doch langsam in die Wirklich-keit zurück und die nächste Nacht wurde mit zugeklappten Seeschlagblenden[1] verbracht.

Unser nördlichstes Ziel hatten wir nun erreicht und es ging zurück durch die Landschaft, die man wohl am ehesten mit Norwegen verbindet: Fjorde – die Heimat der Trolle und anderen Fabelwesen, an deren Existenz man nach Durch-fahren dieser atemberaubenden Landschaften immer weniger zweifelt. Wenn es solche Wesen gibt, dann hier!

---

[1] Als Crewmitglied kommt man in der Wahl der Kabinen nicht so ganz an den Standard der Gäste heran, die ab Deck 4 ihre horizontale Phase verbringen. Und da Deck 2 und 3 dann bei rauer See auch mal ordentlich von den Wellen gepiesackt werden, gibt es von innen an den Bullaugen massive Stahlplatten mit Schraubverschlüssen, die auf Anweisung der Brückenbesatzung geschlossen werden müssen. Oder wenn es einem eben zu hell ist.

Nächster Halt war Tromsø. Das ist eine Stadt, die mitten auf einer Insel in einem Fjord liegt. Die Natur wurde geschickt mit dem Lebensraum der Menschen dort verbunden. Und immer wieder kleine Details, die einen unwillkürlich schmunzeln lassen. Da steht zum Beispiel am Fuße einer Skisprungschanze[1] eine Werbung für „Lufttransport".

So etwas mag ich, die Unkompliziertheit im Denken und die Freude daran, nicht alles unnötig ernst zu sehen. Das darf natürlich nichts damit zu tun haben, wie man seine Arbeit verrichtet, aber mit einem guten Gefühl im Bauch werkelt es sich doch gleich effektiver – oder?

Und auch der Flughafen stellt wohl eine kleine Besonderheit dar, denn die Landebahn beginnt und endet direkt am Wasser. Für mich als Ex-PPL[2]-Inhaber wäre das schon ein geeignetes Revier gewesen, um all meine Vorlieben auszuleben.

---

[1] Tromsø hat sich 2014 und 2018 für die Olympischen Winterspiele beworben, wurde aber von der norwegischen Regierung abgelehnt. Es wären die ersten Spiele nördlich des Polarkreises gewesen. Schade eigentlich.

[2] Privatpilotenlizenz: Ja, ich hatte mal ein kleines Flugzeug und war sehr stolz, noch einen Jugendtraum von mir wahr werden zu lassen. Mehr dazu in meinem ersten Buch „Wenn Fische laufen lernen". Der Traum einer Familie schickte mich jedoch wieder aus den Wolken auf die Erde herab, was mir bis heute wenigstens keine Flugunfälle eingebrockt hat.

So war es schon ein ungewohnter Anblick, vom Schiff direkt auf eine Runway zu blicken. Alte Gelüste blitzten kurz auf.

Farmer auf dem Meer

Einige der Bewohner dieser eindrucksvollen Umgebung leben noch vom Fischfang. Doch dieser Fisch wird nicht im Meer gefangen, sondern auf Farmen groß gezogen. Hier kommt der wohl am meisten geliebte Speisefisch her, der norwegische Lachs. Von einigen wird er leider schon zum „Schwein des Meeres" degradiert.

Es bleibt immer zu hoffen, dass sorgsam mit diesen Fischen umgegangen wird, damit der gute Geist dieser Landschaft positive Nebenwirkungen auf unsere Gesundheit hat. Aber hier wird BIO immer beliebter, bestimmt auch bei den Lachsen selbst. Und wer weiß schon, was ein Wildlachs so alles vorher verzehrt hat – oder haben Sie schon mal „Bio-Wildlachs" gegessen?

Vorbei an kleinen Fährstationen, gewaltigen Bergen und tiefblauem Himmel fuhren wir durch kristallklares Wasser, von aufmerksamen Tölpeln begleitet, über Sortland nach Molde.

Spiegelglatt

Das Bild, das ich vor mir sehe, wenn ich an diese Stadt denke: Da gab es doch ein Haus für „eitle Schiffe".

Die Auflösung: Bei der Ausfahrt aus dem Hafen kommt man an einem Gebäude vorbei, das komplett verspiegelt ist und so geschickt angeordnet, dass man bei der Vorbeifahrt schnell nochmal einen Blick auf das Schiff und sich selbst erhaschen kann.

Von jetzt an wurde es für mich überschaubar. Nur noch der Hafen von Bergen und Antwerpen lagen zwischen hier und dem Ende meiner zweiten Heuer. Eine Fahrt, an die ich mich hoffentlich noch lange erinnern darf.
Solange mir niemand meine Fotos löscht!

Urlaub

Es war Spätsommer und so freute ich mich auf eine schöne freie Zeit zu Hause und im Garten.

Aber die Seefahrt bringt es so mit sich, dass die besten Früchte schon abgeerntet sind, wenn man denn endlich wieder heimatlichen Boden unter den Füßen hat.

Nun gut, ich hatte es ja irgendwie so gewollt, wenn auch unter anderen Voraussetzungen, aber jetzt war erst mal Urlaub!

Also alle Fotos für ein neues Fotobuch ausgesucht und der Familie mit ausschweifenden Erzählungen versucht, das Erlebte mitzuteilen. Aber die Eindrücke, die man in sich neben den bloßen Bildern abspeichert, sind schwer weiter zu vermitteln. Ich hatte damals schon eine vage Idee, vielleicht diese Zeit mal in einem Buch zusammen zu fassen. Doch da hatte ich noch keine Muße zum Schreiben. Irgendwie muss das dann eine Übersprunghandlung gewesen sein und ich setzte einen Buchstaben neben den anderen, bis ich dann meine Geschichten mitgeteilt hatte.

Das haben Sie jetzt davon, ich hätte es ja auch für mich behalten können …

Dritte Heuer

Drei sind doch alle guten Dinge.

Und so war ich vor dieser Heuer doch angenehm vorgespannt, denn solch legendenumwobenen Gebiete wie den Amazonas hatte man schließlich nicht jeden Tag auf dem Etappenplan eines Kreuzfahrtschiffes.

Schon die Anreise kam mir eigentlich mehr wie die Vorbereitung auf einen Urlaub als den Antritt des Dienstes vor, war das Ziel doch eine der beliebten Urlaubsinseln der Deutschen: Teneriffa. Und nach einem grandiosen Anflug, Gran Canaria auf der rechten Seite in Sicht, hatten wir wieder festen Boden unter den Füßen.

Aber spätestens beim Besteigen des Shuttlebusses zum Schiff bekam ich dann doch mit, dass ich gerade meinen Weg zur Arbeit hinter mir hatte.

Und mal ganz ehrlich: Es soll Schlimmeres geben, als solch einen Auftakt zur Erkundung der „Neuen Welt".

Vor dieser Reise habe ich mich schon zu Hause mal wieder so richtig schlau gemacht:

- Wo genau ist denn nun der Amazonas?
- Beißen die Piranhas da nun immer und jeden?
- Kann man dort überhaupt mit einem Kreuzfahrtschiff fahren?
- Wie gefährlich ist es in dieser Region und von wem geht die Gefahr aus?

Aber dann dachte ich: „Es wird schon nicht so wild werden, ich bin ja gegen alles geimpft."

Nein – Nicht gegen Malaria.

Hmm, wenn ich jetzt mal prophylaktisch im Internet recherchiere: Genau da, wo wir hinfahren, gibt es ein hohes Malaria-Risiko.

Na toll, immer wieder noch ein bisschen mehr, damit man nicht zu leichtsinnig wird. Mich wundert es schon ein wenig, dass am Amazonas überhaupt noch Menschen leben, wenn's so gefährlich sein soll …

OK, aber meinem Fotoapparat wird es ja nun wohl nicht schaden und der ist mein wichtigster Zeuge, wenn es um die Abenteuer auf dem wasserreichsten[1] Fluss der Erde geht.

Da wir aber nur bis Manaus fahren, werden wir die ganz exotischen Dschungelgebiete wohl nicht zu sehen bekommen. Gut, denn da hocken sie ja auch, die Moskitos mit den bösen Krankheiten im Gefieder …

So weit sind wir aber noch lange nicht, denn von Teneriffa aus kann man Brasilien ja noch nicht sehen.

Um noch ein klein wenig näher an den südamerikanischen Kontinent zu kommen und noch ein wenig südlicher[2] über den Atlantik zu fahren, laufen wir die Kapverdischen Inseln an. Die Häfen „Porto Grande" und „Porto Praia" sind die letzten Orte, bevor wir mit einem gewaltigen Satz „den Teich" bezwingen.

---

[1] Als wasserreichster Fluss ist er wohl unumstritten, ob er der längste ist, darüber werden sich die Gelehrten wieder mal nicht so richtig einig.

[2] Der nördliche Teil des Atlantiks ist um diese Jahreszeit sehr wild. Deshalb wird er von den Kreuzfahrtschiffen gemieden, damit die vielgängigen Menüs auch an die Gäste gebracht werden können. Frachtschiffe jedoch, deren Crew das Essen am besten schmeckt, wenn es vom Seegang bewegt wird, nehmen einfach geraden Kurs auf das Ziel, das sie anlaufen sollen.

Fünf Tage und einen Äquator später unterqueren wir die imposante „Newton-Navarro-Brücke", hinter der die Stadt Natal am nordöstlichen Zipfel von Brasilien liegt. Wir betreten, wie 1492 zuvor ein Herr Cristóbal Colón[1] der sich schlichtweg verfahren hatte, Südamerika. Wir wussten, wo wir waren, er damals hatte noch kein GPS-Update und dachte, es wäre Indien.

Natal

Wenn ich jetzt nichts durcheinander bringe, dann sind wir am 24.11. um einen Monat zu früh in dieser Stadt gelandet, denn „Natal" heißt auf Deutsch ja wohl „Weihnachten". Und so kam ich mir ein wenig vor wie in meiner Wahlheimat Bremen, wo im Schnoor-Viertel[2] ganzjährig ein Weihnachtsladen[3] existiert und tatsächlich glitzernde Dinge verkauft.

---

[1] Besser als Christoph Columbus bekannt.
[2] Schnoor = Schnur, dort wurden früher Seile und Taue hergestellt. Tau = Reep. Und somit ist doch das „Schnoor"-Viertel wörtlich zu vergleichen mit der „Reeperbahn", auf der früher die Reepschläger ihr Handwerk verrichteten und Tauwerk herstellten!
[3] www.weihnachtstraeume.de = Reingehen, staunen, Festlaune bekommen.

Aber hier glitzert nichts, es sieht für mich so aus, als wenn sich eine Großstadt nicht um seine Randbevölkerung kümmert, die sich hier wohl eher um die Grundbedürfnisse des Lebens sorgt.

Und diese Stadt war für mich stellvertretend für alle anderen Städte, die wir noch besuchen sollten. Ein krasser Gegensatz zwischen Arm und Reich. Und das ganz augenscheinlich für jeden Neuankömmling ersichtlich.

Ich bekam schon zu diesem Moment eine leise Ahnung von dem, was mich in der nächsten Zeit erwarten würde.

Den nächsten Tag hangelten wir uns vorbei an Fortaleza in Richtung unseres ersten großen Ziels:

Der Amazonas

Die erste Stadt war Belém. Sie gehörte für mich eigentlich schon zur „Expedition Amazonas" dazu, obwohl die Stadt nicht im eigentliche Amazonasgebiet, sondern in einer Meeresbucht namens Baía de Marajó liegt.

Der Strom der Ströme ist kein homogener Flusslauf, sondern setzt sich zusammen aus unzähligen Bächen, Flüsschen und Flüssen, die ganz im Westen, in den Anden Perus ihren Ursprung haben. Ich habe mal versucht, diese über die Möglichkeiten im Internet nachzufahren: Ich hab's einfach aufgegeben. 1:0 für die miesepetrigen Forscher!

Egal, es sah jedenfalls so aus, wie man sich den Amazonas vorstellt und damit können sich die Wissenschaftler ein anderes Opfer für ihre intriganten Behauptungen aussuchen!

Belém ist eine „Wendestadt". Wenn ich mich nach Osten wendete, dann sah ich Hochhäuser ohne Ende, wenn(dete) ich mich nach Westen, dann sah ich ausschließlich Dschungel und einen regen Bootsverkehr zwischen den Behausungen im Regenwald und der Hightech-Metropole am anderen Ufer.

Shopping ist da mal eine ganz andere Hausnummer als bei uns mal so eben über die Straße.

So ganz irgendwie mit Hilfe von, wohl mit hellseherischen Fähigkeiten ausgestatteten, Lotsen gelangten wir immer tiefer den Strom hinauf und in's Land hinein.

Die Farbe des uns umgebenden Wassers war stets lehmfarben. Wenn hier Piranhas drin leben sollten, dann müssten die aber mit Radar und Echolot navigieren.

Aber wofür hat man einen Lotsen an Bord, wenn man nicht mal fragen kann. Und die Antwort war verblüffend einfach, legte mein erworbenes Wissen aus „Findet Nemo" ad Acta und lautete: „Die bissigen Piranhas leben nur in den Tümpeln und Teichen neben dem Amazonas, die ab und zu mal überflutet werden, aber nicht im Strom selbst!"

Na siehs'te, da kann man doch jetzt mal ganz unbedenklich die Hände in den Fluss halten, ohne gleich eine Ganzfingermaniküre zu bekommen.

Es gibt zwar eine Unterart der fleischfressenden Fische im Amazonas, aber die beißen nicht andere in die Füße sondern höchstens in den Haken der fischenden Bewohner und gelten als Delikatesse.

Wieder was gelernt, wenn Günther J. mal fragen sollte: Ich weiß es jetzt!

Weiter ging es an der Stadt Parintins vorbei, wo mir die prächtigen Flussschiffe auffielen, wovon eins im berühmten Kinski Film „Fitzcarraldo" eine wichtige Rolle spielte.

Es wurden immer mehr davon und die meisten sah ich in Manaus, einer bunten Stadt, etwa tausendfünfhundert Kilometer Landeinwärts. Dort fand wieder einer unserer Crewausflüge statt, auf dem wir den „unerforschten Dschungel" entdecken sollten.

Dabei ging es mit einem einheimischen Flussdampfer über die Einmündung des Rio Negro[1] in den Amazonas. Sehr beeindruckend, weil sich die unterschiedlichen Farben der Flüsse über eine weite Strecke, etwa dreißig Kilometer, nicht mischen.

Und selbst an dieser Stelle gab es Gesellen, die ich hier im Leben nicht vermutet hätte: Amazonasdelfine, auch Boto genannt.

---

[1] Negro heißt Schwarz, und das ist der Rio Negro auch: Ein schwarzer Fluss mit sehr nährstoffarmem, saurem Wasser. Daher kaum Mücken = Keine akute Malaria-Gefahr!

Dschungelfieber

Und dann erreichten wir den Dschungel, Abenteuerlust blitzte aus unseren Augen.

Wir begannen natürlich sofort zu forschen. Als erstes im Souvenirladen, in dem wir auch endlich die begehrten Fische sahen.

Sie bissen allerdings nur noch, wenn man ungeschickter-weise seine Extremitäten in deren offene Mäuler steckte und die Schärfe ihrer Zähne prüfte. Auch etwas trocken waren die Guten schon.

OK, nun aber in den unberührten Dschungel, wilden Tieren auflauern und durch gefährliche Sümpfe waten!

Oder eben auf ausgetretenen Waldpfaden hinter unserem Guide her, der uns dann vielleicht sogar Krokodile und Anakondas ankündigte, wenn diese nicht gerade Siesta hielten.

Sie hielten Siesta!

So erhielten wir mehr botanische Begriffe, als uns in dieser Umgebung eigentlich interessierte. Aber schon beachtlich, wie grün es doch so im Wald sein kann.

Das wirklich Sehenswerte an diesem Ausflug blieb also die Bootsfahrt, die dann auch auf dem Rückweg noch einiges an Fotos für meine Kamera hergab.

Und die meisten Eindrücke hatte man wirklich vor Ort von unserem Liegeplatz, von wo wir das bunte Treiben der einheimischen Händler gut beobachten konnten.

So gab es „Bringdienste" für die frischesten Früchte, die in unserer Heimat erst nach langwierigen Prozeduren künstlich reif gemacht werden.

Ich habe dort viele Fotos gemacht, die ich mir immer wieder gerne anschaue. Es wird sicher noch das ein oder andere „Special" Fotobuch vom Amazonas geben.

Wir hatten den Scheitelpunkt unserer Amazonasreise erreicht und machten uns nun wieder auf den Weg, um Südamerika weiter zu entdecken.

Und endlich hatten wir auch mal einheimische Fauna an Bord, die ein wenig an geröstete Kaffeebohnen mit Beinen erinnerte.

Sehr zum Leidwesen der Servicecrew und Gäste an Deck kamen in den Abendstunden Hunderttausende von Käfern an Bord und wollten der untergegangen Sonne ein Schnippchen schlagen, indem sie unsere üppige Beleuchtung zur Verlängerung ihres Tagesgeschäftes nutzten.

Mehrere Tage, nachdem wir das Gebiet verlassen hatten, waren immer noch ausreichend Knackgeräusche unter den Schuhen zu hören.

Wildes Amazonien – also doch!

Es weihnachtet

Die Lufttemperatur lag so um die 30°, die Luftfeuchtigkeit lag weit über der Wohlfühlgrenze und wenn man zu dieser Zeit dann einmal auf den Kalender schaute, dann beschlich einen das merkwürdige Gefühl, dass irgendetwas nicht so ganz in Einklang mit dem Datum war.

Während wir in unseren heimatlichen Breitengraden die Sommerräder gegen die des Winters wechselten, statt kalter Getränke schon mal den ein oder anderen Tee, mit oder ohne „Schuss" zu uns nahmen und Sommersalate gegen fettige Kohlgerichte austauschten, also kurzum, die geruhsame Jahreszeit einläuteten, so war das Einzige, was am Äquator an die Zeit von Marzipan, Oblaten und Stollen erinnerte: Marzipan, Oblaten und Stollen!

Es gab für mich zum zweiten Mal in meinem Leben eine Vorweihnachtszeit, die ich in Deutschland eigentlich sehr genieße, aber zwischen den äquatorialen Wendekreisen als irgendwie unnatürlich empfinde.

Wie oft denkt man zu Hause, wenn der Novemberregen fast waagerecht an den Fenstern vorbeizischt und die Regensachen im Hauswirtschaftsraum vor sich hin tropfen, an die Menschen, die es jetzt irgendwo auf der Welt warm, sonnig, wohlig haben?

Einige ziehen es deshalb ja auch vor, zu dieser Zeit den Jahresurlaub anzutreten und der unwirtlichen Gegend bei uns zu entfliehen.

Für mich war das erste Jahr Weihnachten im Warmen etwas Besonderes. Es war vielleicht auch nicht ganz so extrem, weil es etwas Ungewohntes war. Eindrücke, die einfach faszinierten.

Und wenn man die Menschen, die man liebt, um sich hat, dann ist es wohl auch noch eine andere Sache.

Mal ganz ehrlich: Passt das hier her?

Wenn ich schon entfliehe, dann ganz und gar und nicht mit Dingen, die mich dann doch wieder an die Heimat erinnern!

Das ist für mich wie Schnitzel essen in Thailand!

Recife

So, genug rumgejammert. Wir haben wieder Meerwasser
um uns herum und die Käfer sind Geschichte. Jetzt geht es
weiter in Richtung Süden.

Was mir besonders in Brasilien immer wieder aufgefallen
ist: Hier gibt es wohl nur riesige Städte. Nicht mal so'n paar
kleine Hafenstädchen, nein immer richtige Mega-Cities.

Eine davon ist Recife, mit gut 1,5 Millionen Einwohnern
reichlich bewohnt. Wenn man jedoch bedenkt, dass bei
rund 200 Millionen Brasilianern auf einem Quadratkilome-
ter im Durchschnitt nur 22 Menschen leben, dann bleiben
eben genug für die großen Städte. Nichts für mich als
bekennender Landmensch.

Jedoch ist hier das Arm/Reich Gefälle nicht so offensichtlich wie auf dem Amazonas.

Wir nähern uns ja schließlich auch mit Riesenschritten
(kann man das auf einem Schiff sagen?) einem weiteren
Highlight unserer Reise: Rio de Janeiro!

Rio – Zuckerhut

Vorbei an Salvador da Bahia, Ilhéus und Cabo Frio drehten wir am frühen Morgen in die Bucht von Rio de Janeiro ein. Dieser Name macht einen schon neugierig, denn oft sind es die schillerndsten Begriffe, die in der Realität nicht das halten, was als „das Schönste, was man je gesehen hat" versprochen wurde.

Für mich hat Rio jedoch ziemlich viel von dem gehalten, was ich gehört und erhofft hatte.

Der Traum einer Seereise ist immer, wenn man bei tollem Wetter einen traumhaften Ort anläuft, dessen Silhouette man schon so oft irgendwo gesehen hat, die Wirklichkeit aber den Unterkiefer gnadenlos der Schwerkraft opfert, so dass man den Mund vor Staunen nicht mehr zu bekommt.

Solche Massenorte wie „Copacabana", die wohl mehr eine Touristenfalle sind, können mich nicht so sehr reizen. Für mich sind solche Naturgestalten wie der Zuckerhut[1] einfach das Nonplusultra. Außerdem hat man von da oben einfach eine tolle Position um Fotos zu machen.

---

[1] Auf Portugiesisch heißt er Pão de Açúcar = Zuckerbrot

Schon beim Festmachen konnten wir die ersten fröhlichen Landsleute sehen, die gleich brasilianische Feststimmung aufkommen ließen.

So stellt man es sich vor, so lief es auch ab. Ich möchte nicht wissen, was hier erst los ist, wenn Karneval in Rio tobt ...

Und auch hier hatten wir wieder Glück: Ein Crewausflug entweder auf den Zuckerhut oder zum Herrn mit den ausgebreiteten Armen[1].

Als kleines Leckermaul bevorzugte ich natürlich den Zuckerhut, den ich auch schon in Miniatur mit reichlich Rum getränkt in einem Meer aus Rotwein versenkt hatte. Aber dieser hier war ziemlich eindrucksvoll und beherrscht ja immerhin auch das sowieso schon imposante Erscheinungsbild Rios. Wäre mal gespannt, ob wir den Hafen ohne dieses Wahrzeichen gefunden hätten.

---

[1] Die Jesus-Statue auf dem Corcovado (= „der Bucklige"), ein 710 m hoher Berg auf dem der nochmal 38 m höhere „Christus der Erlöser" auf die immer noch zu erlösende Stadt schaut. Schon bewegend, obwohl sich nichts dort rührt.

Die Fahrt mit dem Bus durch die Stadt zeigte natürlich auch neben den schillernden Eindrücken die Schattenseiten dieser Metropole. Aber im Allgemeinen scheint hier das Geld schon recht locker zu sitzen und ich denke, wer hier, egal wie, wohnt, der hat es in Brasilien doch recht weit gebracht.

Den zu bezwingenden Hut erreicht man per Seilbahn, jedoch nicht direkt, sondern über einen Zwischenhügel, den „Morro da Urca"[1], auf dem schon so einiges an Sachen, die dann nachher rumstehen und abgestaubt werden müssen, zu kaufen gab.

---

[1] Das übersetze ich hier nicht …

Die zweite Etappe erinnerte mich doch stark an die Szene aus 007 „Moonraker". Ich hoffte, dass „Beißer" nicht gerade seinen Urlaub in Rio verbrachte!

Doch wir hatten Glück, schönes Wetter und einen gigantischen Ausblick über Rio, die Copacabana und die wundervolle Landschaft um uns herum.

Und den Christus konnten wir aus angemessener Entfernung bestaunen.

Also wieder einen Punkt in meiner To-Do-Liste abgehakt. Eine Weltreise war schon eine wirklich geeignete Maßnahme, um erst mal solch eine Liste zu erstellen und dann ordnungsgemäß zu entwerten.

Das Schiff in Montevideo

Die nun folgende Etappe war im Allgemeinen eine Auffrischung der schon erlebten Eindrücke. Wir fuhren über Paraty, Ilhabela, Santos, Itajaí, Rio Grande do Sul, Necochea, verließen dann Brasilien und tauchten in Punta del Este, Uruguay, wieder auf. Jetzt war das nächste Ziel Montevideo.

Der berühmte Film „Das Haus in Montevideo" weckte schon seit Kindesbeinen mein Interesse[1] an diesem Ort. Ich hatte nie gedacht, dass ich dort mal vorbeischauen würde.

Eine sehr farbenfrohe Stadt, die, wie ich erfuhr, schon damals nach dem zweiten Weltkrieg vielen Nazis als Fluchtpunkt diente. Davon ist aber wohl nicht mehr viel übrig geblieben.

Die Innenstadt war zu meiner Freude sehr gut per pedes zu erkunden.

Als besonderer guter Tipp stellte sich die Markthalle am Hafen heraus. Schon beim Eintreten kam einem der Geruch von Lagerfeuern entgegen und machte neugierig auf den Entstehungsort.

---

[1] Die Handlung im Film war ja immer eine Auflehnung gegen das Spießbürgertum an sich.

Wer hier einmal landet, der MUSS einfach in den „Mercado del Puerto" gehen und dort eins von den sensationellen Steaks, gebraten auf den noch sensationelleren Grills, essen.

Vegetarier: Schaut euch solange die Gegend an!

Eine kleine Warnung: Am Silvestertag ab 14 Uhr wird's sehr feucht in der Halle. Dann feiern die Herren der Schöpfung mit spritzenden Sekt- und Wasserflaschen den Jahresabschluss und die ungeschützten Touristen werden gerne mit in die Zeremonie eingebunden!

Hola Argentina

Schon war's wieder vorbei mit Uruguay und wir liefen als erstes Kreuzfahrtschiff überhaupt die Stadt Rosario (Santa Fe) über den Fluss Paraná an. So etwas gibt natürlich immer einen Heidentrubel in solch einer Stadt und Geschenke werden ausgetauscht.

Ein wenig erinnert das an die Zeiten der Glasperlen, aber das kenne ich ja nur aus Geschichten.

Jetzt suchten wir die gute Luft Argentiniens: Buenos Aires.

Ein klingender Name, der mich schon wieder vorsichtig ob der zu erwartenden Eindrücke machte.

Ein Besuch des Künstlerviertel „La Boca" ließ mich und meine Kamera jedoch eine rauschende Farbenpracht erleben. Tja, das ist jetzt ein bisschen blöd, so in Schwarzweiß …

Die Stadt selbst hat knapp 3 Millionen Einwohner, die aber nur einen Bruchteil der umgebenden Region „Gran Buenos Aires" von etwa 13 Millionen ausmacht.

So kann man sich leicht vorstellen, dass dieser Schmelz-
tiegel eben nicht nur schöne Seiten zeigen konnte, aber so
waren diese schönen Impressionen umso einprägsamer.

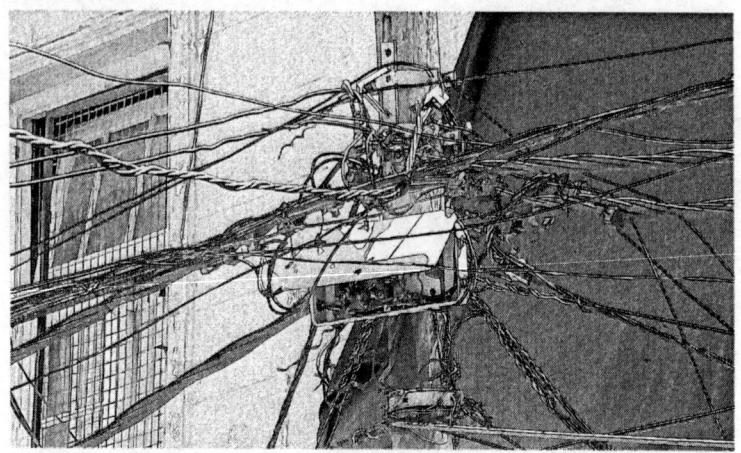

Besonders beindruckt, so als elektrisch interessierter
Mensch, war ich von den Verkabelungstechniken dieser
Stadt, wo anscheinend noch nicht mal mehr die Zeit aus-
reichte, um die Verteilungskästen zu schließen.

Es scheint eben auch so zu funktionieren und unsere über-
vorsichtige Lebensart ist vermutlich gar nicht so intelligent,
um überhaupt noch Gefahren im Alltag einschätzen zu
können.

Atemberaubende Eindrücke beim Auslaufen am Abend
machte diese Stadt zu einer weiteren schönen Erinnerung.

Und jeder Abschied bringt uns auf den Weg zu etwas
Neuem.

Diesmal wartet etwas auf uns, was in früheren Zeiten das Garn für die verwegensten Seemannsgeschichten gesponnen hat:

Das Kap Hoorn

Legendärer Zipfel am südlichsten Ende Südamerikas, wo sich der Atlantik und Pazifik treffen und versuchen, sich zu paaren. Oder woher kommen sonst diese wilden Wellenbewegungen?

Es kann ja auch mal schönes Wetter sein. So wie am Nordkap wär doch toll.

Aber laaaangweilig – Gähn ...

Nein, wir einigten uns auf Windstärke 12, in Böen bis 13 und schaukelten bei bis zu 10 Meter hohen Wellen um das berüchtigte Gehörn. Und die Lady in Weiß machte das mit Bravour. Heutzutage kann man sich deshalb diese wilden Erzählungen nicht mehr so richtig vorstellen. Aber ganz ehrlich: Mit einem Segler wäre ich zu dem Zeitpunkt auch nicht gerne an diesem Ort der Welt gewesen.

So weit südlich und trotzdem kalt. Da hilft nur ein wenig Wärme. Und was macht warm? Richtig: Feuer. Also ab nach:

Feuerland!

Ich hatte immer die Assoziation von Vulkanen, Lavaströmen und heißen Quellen, wenn ich diesen Namen vorher gehört habe.

Dabei werden so einige Vorstellungen immer wieder entzaubert, wenn man sich dem Gebiet der Begierde nähert. Ist wohl wie bei den schicken Ladies aus den Hochglanzprospekten, wenn sie die Spachtelmasse abgetragen haben und die Ersatzteile auf dem Nachttisch deponiert ...

Als ich meinen besten Freund in solchen Fragen, den Wiki zu Rate gezogen habe, erfuhr ich: „Erste Berichte über Feuerland stammen von der Expedition Ferdinand Magellans, der im Oktober 1520 als erster Europäer die nach ihm benannte Magellanstraße entdeckte und mit drei Schiffen auf dem Weg zu den Gewürzinseln (Molukken) durchfuhr. Der von ihm während der über 20 Tage dauernden Passage beobachtete Schein der Lagerfeuer der indigenen Völker gab der Inselgruppe den Namen."

Also waren die Vulkane erloschen und wir versuchten dann natürlich, die besagten Lagerfeuer zu entdecken. Aber wenn die Dinger seit dem 16. Jahrhundert gebrannt haben, dann ist da eben nur noch Asche.

Das Ende in Sicht

Mitten durch das jetzt eben unerleuchtete Feuerland zieht sich der Beagle Kanal. Und wiederum mitten in diesem liegt eine Stadt, die sich selbst als „Das Ende der Welt" bezeichnet: Ushuaia.

Ich hatte jetzt schon mehrere „Enden der Welt" auf meinen Reisen gesehen und war versucht, den Bewohnern ihren Glauben daran zu nehmen, dass die Erde ja nun keine Scheibe, sondern eine Kugel sei und deshalb die Chance, dort ein „Ende" zu finden, relativ gering.

Aber ich war ja nicht als Missionar eingestellt und wer schon von sich denkt, er sei am Ende, den kann man wohl schlecht vom Gegenteil überzeugen.

Per Definition ist Ushuaia mit rund 60.000 Einwohnern die südlichste[1] Stadt der Welt. Dann mag das mit dem „Ende" schon einigermaßen berechtigt sein.

Die Landschaft ist auf alle Fälle wunderschön anzusehen, und wenn dies das Ende ist, dann ist es ein schönes!

Und obwohl wir dort der Antarktis schon ganz schön dicht

---

[1] Es gibt einige Städte, die den Anspruch erheben, südlichste Stadt der Welt zu sein. Hierzu zählen insbesondere Ushuaia in Argentinien, sowie Puerto Williams und Punta Arenas in Chile.

auf die Pelle gerückt sind, sollen die Temperaturen im Winter kaum unter 7° sinken. Die Wassertemperatur im Sommer (Februar) beträgt sogar 22°.

Doch wir wollen ja keinen Urlaub hier machen, wir sind ja ein bisschen „auf der Flucht".

So verlassen wir das Land des Feuers und erreichen zwei Tage später Punta Arenas. Es ist die „südlichste Großstadt" und liegt im äußersten Süden Chiles.

Vermutlich hat wohl jeder schon von den Pampas[1] gehört. Es gibt sie nicht nur im Sprachgebrauch sondern sehr beeindruckend gleich hinter der Stadt.

Bis zum Horizont meist baumlose Weideflächen auf denen sich Rinder, Guanakos[2] und Nandus[3] tummeln. Die bekanntesten Bewohner wären wohl die Meerschweinchen gewesen, aber die hatten wohl Ruhezeit und ließen sich nicht blicken.

Weshalb dieses Land wohl baumlos war?

Das schloss ich einfach für mich aus den sich unendlich ausdehnenden Holzzäunen, die am einen Horizont begannen und am anderen Horizont verschwanden. Das Material musste ja schließlich irgendwo her gekommen sein. Deshalb wohl keine Bäume!

---

[1] Hierzulande das Synonym für „weit weg von der Zivilisation und ziemlich öde".
[2] Die Urart der Lamas.
[3] Die chilenische Version des Straußes.

Etwas Eis dazu?

Wo es am „Ende der Welt" noch behaglich warm war, da ging es weiter nördlich doch wesentlich unterkühlter zur Sache. Die Gletscherlandschaft der chilenischen Fjorde hat etwas Magisches.

Und so kommt es wohl nicht von ungefähr, dass einer von ihnen „El Brujo" = „Der Hexer" heißt.

Vorbei an spielenden Delfinen und unbeschreiblicher Schönheit der Natur hangelten wir uns dann nach Puerto Montt. Dieser Ort spiegelt die Farbenpracht dieser Gegend wieder. Wie der Name schon sagt: Hafen und Berge. Ein toller Rundumblick mit vielen kleinen Häuschen an den Berghängen und einer Ahnung, wie diese Menschen hier ticken: Überall Zeichen bedingungsloser Gläubigkeit, ausgedrückt durch überdimensionale Kreuze, die schon aus vielen Meilen Entfernung zu sehen sind und prozessierende Menschen, die mit „Jesus" an Bord irgendwo hin fahren.

Ich konnte jetzt nicht direkt erkennen, ob es sich um einen Familienausflug gehandelt hat, ob „Jesus" entführt oder einer mir unbekannten spirituellen Handlung zugeführt wurde.

Laut chilenischem Feiertagskalender war jedenfalls für den 20. Januar kein besonderer Anlass für Familie Christus zu ermitteln.

Ich habe das Paradies gesehen

Ganz ehrlich, kein Schnack!

Dieser magische Ort hat sogar einen magischen Namen: Valparaiso – Das paradiesische Tal.

Seefahrer nannten diesen Ort so, weil sie nach elend langen Fahrten über den Pazifik endlich wieder Land zu sehen bekamen. Und dieses Land war üppig. Der Hafen hatte eine ganz besondere Bedeutung für die Seefahrt solange es den Panama-Kanal noch nicht gab. Nach den damals noch sehr gefährlichen Umrundungen des Kap Hoorns vom Atlantik in den Pazifik war es einer der ersten Häfen, die angefahren wurden. Von der Bedeutung her wurde Valparaiso mit San Francisco gleichgesetzt.

Nachdem der Kanal aber die beschwerliche Passage um die Spitze Südamerikas überflüssig gemacht hat, hat dieser schöne Ort an Bedeutung verloren. So ist es doch immer wieder. Nur ein betagter Viermast-Klipper erinnerte noch an die alten Zeiten.

Vergessen wird das Paradies jedoch nicht so einfach, denn in vielen Songs wird einem noch die Besonderheit Valparaisos auf meist romantische Weise ins Ohr gewurmt.

Und ein kleines bisschen Heimatgefühl kam auf, als ich einen Fischkutter sah, der einfach so „DON GERMAN I" hieß ...

Auf einem Kreuzfahrtschiff

Ich habe noch nie so sehr wie in Südamerika bemerkt, dass wir im wahrsten Sinn des Wortes auf einem Kreuz-Fahrt-Schiff waren, denn oft war das Erste, was von einem Hafen zu sehen war, ein Kreuz, meist auf einem Berg postiert. So auch in Coquimbo, das wir bei Dunkelheit erreichten und dieses monumentale Kreuz hell leuchtend den Weg zu zeigen schien.

Hier fielen mir vor allem die vielen Seevögel auf, die allgegenwärtig waren und dafür sorgten, dass die meisten Fischkutter, verzeihen Sie den Ausdruck, beschissen aussahen. Vögel sind also schon ein wenig, wie die Politik.

Im Sinn habe ich dabei die Worte Helmut Kohls: „Entscheidend ist, was hinten rauskommt!"

Und ich mag so kleine, feine Beobachtungen, die ich dann auch, wenn möglich, mit der Kamera festhalte.

Diesmal war es eine Schulklasse, die ganz unbeschwert am Rande des Hafenbeckens offenbar zu einer Unterrichtsstunde im Schwimmen angetreten war.

Hierzulande undenkbar, ein Fest für eine Sondersitzung des Schulelternrates mit der Zielsetzung, den verantwortlichen Lehrer auf eine einsame Insel zu verbannen. In Coquimbo galten eben andere Gesetze.

Fisch an Bord

Wenn ich an den Hafen von Iquique denke, dann geht der Begriff „Quallen" nicht aus meinem Kopf. Noch nie in meinem Leben habe ich an einem Ort so viele Quallen gesehen. Zweifellos wunderschön anzusehen, durchfurcht von spielenden Seehunden und überflogen von tausenden Seeschwalben, Pelikanen und was das Land noch so hergab. Ich war einfach beeindruckt, denn ich mag diese Naturschauspiele viel mehr als die Betonwüsten der Städte, die wir immer wieder anfuhren und in die sich die Gäste des Schiffes ergossen, um Plunder zu kaufen, Kirchen zu bewundern und andere mir nicht zugängliche Tätigkeiten taten.

Ich freue mich selbst in meinem angetrauten Garten zu Hause über eine Schaar Kraniche, die laut Kra-Nichend über meinem Kopf im Herbst von Nord nach Süd, im Frühling anders herum dem Geheimnis des Vogelzuges nachfliegt, mehr, als über eine schicke Kirche in Timbuktistan. Kann man wohl nichts dran ändern ...

Aber wie so oft, hat wohl alles seine zwei Seiten. Für mich ein eindrucksvolles Fotomotiv, für die armen Crewmitglieder in der Maschine eine böse Überraschung: Es waren so viele Quallen, die einfach durch das Ansaugen von Kühlwasser für die Maschine trotz der Gitter vor den Rohren in die Kühlwassertanks rein-, aber nicht wieder rausflutschten und so mit viel Mühe und Handarbeit aus dem Wasser entfernt werden mussten, weil die Maschine eben eine Wasserkühlung und keine Quallenkühlung hatte.

Eine Quall-Volle Erfahrung und durch dieses Naturschauspiel überdies noch eine stundenlange Verzögerung der Abfahrt aus dem Hafen.

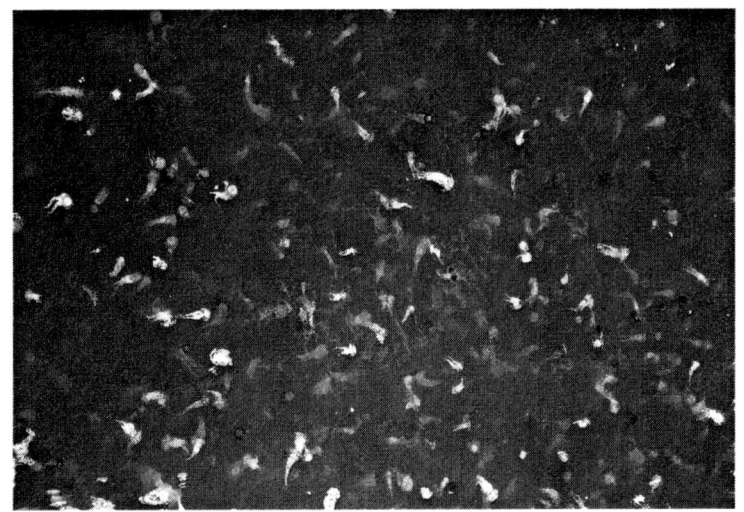

Iquique war keine ausgedehnte Betonwüste, sondern eine eindrucksvolle Stadt am Rande der Atacama-Wüste, die als trockenste Wüste der Welt gilt. In dieser Stadt soll es 14 Jahre hintereinander nicht geregnet haben!

Also kein Grund, einen Regenschirm auf die Erkundungs-tour mitzunehmen, es sei denn, man würde diesen als Sonnenschutz verwenden, denn eine Creme mit Faktor 100 schien hier nicht fehl am Platze zu sein.

Alles in Allem eine tolle Kulisse vor den Bergen der Wüste und in der kurzen Zeit, die ich hier verbrachte, machten sich rund 500 Fotos auf meiner SD-Karte[1] breit. Gut, dass es die neue Technik der Fotografie gibt!

Über die Häfen Arica und einem, der wie ein Mann heißt, „General San Martin", erreichten wir Callao, oder etwas vertrauter: Den Hafen von Lima.

Es gab hier so viele Seevögel, dass diese jede erdenkliche Gelegenheit nutzten, um sich in Pose zu setzen.

So schnell war man in Peru. An den Anden.

---

[1] Eine der phantastischsten Erfindungen unserer Zeit. Ich habe im Laufe meines Einsatzes an Bord etwa 30.000 Bilder gemacht, von denen 5.000 allerdings gleich wieder im berühmten „Bit-Mülleimer" verschwanden. Hätte ich diese Bilder mit den guten alten Kleinbild-filmen geknipst, dann wären das weit über 800 Filmrollen gewesen sein. Auf einer „SD-Karte", das ist eine Briefmarkengroße Scheibe mit einer unbarmherzigen Speicherkapazität von bis zu 10.000 Bil-dern in einer Auflösung von 18 Millionen Bildpunkten (Neudeutsch: 18 MPixel), war somit gut ein ganzes Jahr Abenteuer unterzubringen. ABER VORSICHT: Die Dinger können auch mal kaputt gehen und dann war's das! So habe ich, nach jahrelanger Erfahrung in Sachen EDV, immer drei Datensicherungen aller Bilder auf unterschiedlichen Datenträgern gemacht. Ein gut gemeinter Rat – Und in diesem Fall nicht mal teuer!

Das Schönste an der Seefahrt ist, wenn man nicht als Nautiker arbeitet, der ja alles um die Fahrerei mitbekommt, sondern eigentlich seinen „Feierabend" hat und nach ein wenig Beck's-Boden-Gymnastik in der zugewiesenen Koje dem neuen Tag mit neuen Erlebnissen entgegenschläft, dass man, fast wie im Fernseher beim Zappen, am nächsten Morgen einen anderen Hafen, eine andere Stadt, ein anderes Land, ein anderes Klima vorfindet.

Du hast das ja gut!

Die Besonderheit dieses Jobs sei hier mal ein wenig besser beleuchtet:

Aufstehen – ok, wie zu Hause, Beine aus dem Bett, ins Bad gewankt und vom Sleepmode in Standby umgeschaltet.

Frühstücken – nicht, wie zu Hause. Hier ist alles fertig, der Kaffee schmeckt nicht so gut, das Ei ist IMMER hart[1], aber sonst alles immer reichlich vorhanden. Kein Gang zum Bäcker, kein Einkaufen von Wurst und Käse vergessen. Eigentlich auch immer Zeit, um zu frühstücken. Man muss sich halt nur die Ecke aussuchen, mit der man kommunikationstechnisch am besten auskommt. Also Morgenmuffel an den einen, Tratschmäuler an den anderen Tisch. Ich saß oft am anderen Tisch.

Fahrt zum Arbeitsplatz – entfällt, bin schon da!

Arbeiten – nun gut, hier deckt sich der Tag mit dem eines Normalsterblichen. Manchmal halt auf schwankendem Untergrund, aber das macht ja halt das Besondere aus.

Mittag – siehe Frühstück.

Nochmal arbeiten – nochmal Sterblich.

Feier-Abend-Essen – wird meist mit einer herben Flüssigkeit aus smaragdgrünen Flaschen einer hanseatischen

---

[1] Ausrede der Küche: Ist wegen der Hygienevorschriften so vorgeschrieben...

Großbrauerei eingeläutet[1]. Dann kommt die feste Mahlzeit hinterher und bildet für viele die Grundlage für noch mehr Smaragde oder, wenn man nicht auf See ist, werden die See- gegen die Landbeine getauscht.

Für ein, zwei Stunden entrückt man dem goldenen Käfig ein wenig und sammelt Stoff für die staunend fragenden Gesichter zu Hause. So denkt man es sich, wenn man Eindrücke sammelt, aber meistens interessiert sich dann zu Hause kein Schwein für das Erlebte. Es ist einfach zu weit vom Alltagsleben entfernt.

Und genau hier liegt das Problem dieses, von Außenstehenden als „Wow, du kannst das ja gut haben. Immer ferne Länder und dann auch noch Geld dafür!", definierten Jobs.

Wenn man ihn zu lange macht, dann muss eine Partnerschaft schon verdammt viel aushalten. Frei nach dem Motto: „Ihr Mann fährt doch zur See und kommt nur vier Wochen im Jahr nach Hause. Wie halten sie das denn aus?"„Ach, die vier Wochen gehen auch um!"

Es kann dann wohl vorkommen, dass diese humorvoll gedachten Worte in der Realität gar nicht weit ab vom Ernst der Lage sind. Und dann gehen viele „durch Dick und Dünn's" und „in guten wie in schlechten Zeiten" in einen anderen Zustand über, der in vielen Seemannsliedern viel zu romantisch besungen wird. Ich habe einige gescheiterte Existenzen kennen gelernt. Und seltsamerweise fehlte da die Romantik zur Gänze.

Für mich war es jetzt noch nicht ganz so dramatisch, weil ich meine selbstverschuldeten „schlechten Zeiten" schon hinter mir hatte und gerade im High-Age-Self-Discovery[2]

---

[1] Nicht jedes Schiff, dass dieses Getränk an Bord führt, muss auch zwangsläufig grüne Segel haben …

[2] Ich habe wohl ein wenig spät damit angefangen, mich selbst zu suchen und zu finden. Also liebe Kinder: Unbedingt früh genug nachmachen, bevor ihr euch ein Spießerleben aussucht und dann irgendwann denkt: „Mensch, da fehlt doch noch irgendwas, bevor ich in die Kiste gehe!"

Stadium war. Auch wenn dieses Gefühl, das Erlebte nicht richtig mitteilen zu können, doch schon ein wenig in Erscheinung getreten ist.

Ich merke gerade, dass dies wohl mit ein Grund ist, dieses Buch zu schreiben. Irgendjemand muss sich doch einfach für das, was ich erlebt habe, interessieren.

Und dieses Interesse ist wohl mit Abstand am besten!

Wie ist das Klima in Lima?

Wer jetzt denkt: „Ach Mensch, nach Lima wollte ich auch schon immer mal. Da gibt's doch viel zu sehen".

Stimmt. Für Urlauber. Ich habe dort vom Schiff aus die Hafenanlagen fotografiert und war von Lima also genau so angetan, wie von jedem anderen Hafen, der mit Krananlagen die Sicht auf's Hinterland versperrte und mir somit noch nicht einmal einen Eindruck über das Versäumte erlaubte.

Also, auch noch einmal als kleine Warnung für Nachmacher: Man kann nicht immer überall hin!

Weiter geht's nach Salaverry. Eine Stadt nach einem General benannt, der sich Anfang des 19. Jahrhunderts gegen die Regierung auflehnte, Lima einnahm und selbst zum Präsident ernannte. Ging ein Jahr gut.

Meine Gründe findet ihr in meinem ersten Buch „Wenn Fische laufen lernen".

Und weil das wohl nicht allen gefallen hat, wurde eine Stadt nach ihm benannt, die, nachdem sich ziemlich dichter Nebel beim Einlaufen gelichtet hatte, als Einschnitt zwischen verdammt viel Sand erwies. Ich vermute, hätten wir nicht so einen starken Nebel gehabt, wären wir dort gar nicht hingefahren.

Schluss, aus mit Peru. Unter Begleitung einiger Delfinschulen wurde Ecuador angefahren. Genauer: Guayaquil, Ecuadors größte Stadt und größter Hafen.

Von Bord aus erwischte ich viele tolle Momente und landestypische Eindrücke. Best Picture war ein Gewitter über der gegenüberliegenden Stadt.

Von 700 gemachten Bildern sind etwa 10 zum Vorzeigen gewesen. Die meisten machen Bilder MIT Blitz, damit es was wird. Aber wenn man Bilder VOM Blitz machen will, dann braucht man echt eine Engelsgeduld.

Hab' ich in solchen Fällen!

Rainy Days

Letzte Station Perus war Manta. Warum das so hieß, kann ich nicht sagen. Also viele Opels fuhren da nicht herum!

Und es regnete. Man macht keine Fotos bei Regen. Ich schon! Und was fotografiert man bei Regen? Na, Regen!

Mit viel Fingerspitzengefühl wartete ich, bis sich an der Decke ein Tropfen löste, der auf die Peiltochter[1] prallte und dort eine Krone erzeugte.

---

[1] Der Kompass auf der Brücke war die „Mutter" und die hatte zwei „Töchter" auf den Brückennocken (das sind die breitesten Stellen der Brücke, von denen man das ganze Schiff überblicken kann). Und auf diese Töchter kann man einen Peilaufsatz stecken, damit man vom Schiff aus bestimmte Navigationspunkte „peilen" und somit deren Winkel zum Schiff bestimmen kann. Machte man früher so. Hieß Peilung. Heute heißt das GPS! Wenn kein Peilaufsatz drauf ist, dann stehen die Töchter da rum und lassen sich vollregnen und dabei fotografieren.

Tropfen löst sich – bis 3 zählen – Abdrücken – Verpasst! Nochmal! War nicht einfach, aber ich habe die Krönung dann doch mit viel Glück im Kasten gehabt. Nicht unbedingt ein Fotomotiv, das man seinen Lieben zu Hause als Erinnerung an Peru schicken konnte, aber eine Herausforderung meiner Geschicklichkeit beim Klicken!

Vorbei an Panama, das ich ja schon auf meiner ersten Reise durchquert hatte, ging es nach Costa Rica und dort speziell zu einem kleinen Ort namens „Golfito"[1]. Liegt in einer kleinen Bucht. Herrlich grün, malerisch anzusehen und an dem Tag in strahlendem Sonnenschein. Ansonsten im Gegensatz zu der nicht weit entfernten Atacama-Wüste eines der feuchtesten Gebiete der Welt.

Nochmal Costa Rica, diesmal Puntarenas. Dem aufmerksamen Leser wird aufgefallen sein, dass ich an solch einem Ort schon mal war. Nein, war ich nicht, der hieß Punta Arenas in Chile.

Keine Panik: Auch mir fällt es langsam schwer, mir die vielen Orte zu merken, an denen ich schon mal war.

---

[1] spanisch: „Kleine Bucht"

Fotos-Professionell

Endlich mal wieder an Land, gemeinsam mit Page Chichester[1], unserem begnadeten Bord- und Weltfotografen.

So ganz nebenbei: Es ist nicht einfach, mit nichtfotografierenden Crewmitgliedern an Land zu gehen und die Fotoausrüstung dabei zu haben. Ich sehe ständig irgendetwas, das ich „unbedingt in den Kasten kriegen" muss. Und jedes Mal eine laufende Gruppe am Weitergehen zu hindern, das macht keinem Spaß.
Mit Page war das anders, er blieb noch öfter stehen als ich!

Wer das Glück hat, den Bildband „Faszination Südamerika" sein Eigen zu nennen, der wird sehen, welche Augen-Blicke von Page und unserem gemeinsamen Freund Holger Leue[2] auch bei diesem Ausflug eingefangen wurden.

---

[1] www.pagechichester.com
[2] www.leue-photo.com

Langsam dem Ende entgegen

Die Umrundung Südamerikas war ja eigentlich schon in
Costa Rica zu Ende und langsam machte sich bei mir auch
eine gewisse Unruhe breit, die da sagte: „Das Ende der
Reise naht bald".

Noch knapp zwei Wochen, die für so manch anderen ja
einen kompletten Jahresurlaub ausmachen, dann werde
ich wieder Richtung „normale Heimat" aufbrechen.

Bis dahin geht es noch einmal an Mexiko vorbei, Acapulco
(war ich schon mal), Manzanillo (viele exotische Vögel)
und Puerto Vallarta (noch mal richtig shoppen gegangen).
Cabo San Lucas, die immer schöne Badebucht, und den
Gorda Banks, einem berühmten Ort zum Whale-Watching
(gesehen: Meeresschildkröten, Hammerhaie, Buckelwale)
und zum Abschluss Loreto. Ein kleiner Hafen, den wir mit
dem Tenderboot erreichten.

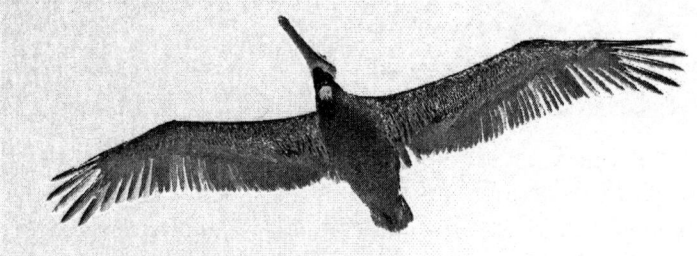

Noch die letzte Foto-Strecke geschossen und jetzt in die
Koje und für den Rückflug vorschlafen.

Mexiko Sightseeing

Letzte Station war La Paz. Eigentlich war in dieser Stadt ein Flughafen, aber aus mir heute nicht mehr ganz geläufigen Gründen sollten wir noch ein wenig von Mexiko mitbekommen, wurden in einen Bus gesetzt und kamen dann nach drei, durch die eindrucksvollen Landschaften und meiner schussbereiten Canon aber durchaus nicht langweiligen, Stunden am Flughafen „San José del Cabo" an.

Mit einer Zwischenlandung irgendwo in der Karibik erreichten wir dann irgendwann mit Verspätung Düsseldorf.

Meine Koffer waren irgendwie gefühlt die letzten auf dem Band (wer kennt das noch?) und nachdem von meinem gebuchten Zug noch nicht einmal mehr die Rückleuchten zu sehen waren, nahm ich mir einen Mietwagen und kehrte nach insgesamt 32 Stunden Reisezeit, vom Verlassen des Schiffs aus gerechnet, nach Hause zurück.

JETZT HABE ICH VOLLE DREI MONATE BIS ZUR NÄCHSTEN HEUER!

Das muss jetzt jedem Neider einen Stich geben, aber merkwürdigerweise geht selbst diese Zeit wie im Fluge um.

Und dieses Mal, ich weiß nicht, ob ich mich deswegen ein wenig schämen sollte, war ich schon ziemlich gespannt auf das, was ich erleben würde. Denn es ging in eine Gegend, in der fast niemand Urlaub machen würde, aber doch insgeheim unbedingt mal in seinem Leben gesehen haben möchte.

Die größte aller Inseln, das „grüne Land", eine Dependance Dänemarks und Geburtsstation vieler Eisberge im Atlantik, beherbergt die drittgrößte Wüste der Erde und hat die geringste Bevölkerungsdichte: Es ging nach Grönland!

Diesmal wollte ich auf's Schiff!

Vierte Heuer

Und wieder mal starteten wir von Travemünde aus auf eine faszinierende Tour.

Um uns „aufzuwärmen" begannen wir erstmal mit etwas Bekanntem: Die Ostsee über Danzig in Polen, Baltiysk im westlichsten Gebiet der russischen Föderation, Klaipéda in Litauen, Riga in Lettland und Tallinn in Estland bis hin nach Sankt Petersburg.

Diesmal gab es in der heiligen Stadt einen Crewausflug mit einem Boot quer durch die Kanäle der Stadt. Das ist schon mehr was für mich, als das Abgrasen der berühmten Gebäude. Aber dieses Thema hatte ich ja schon abgehakt.

Es waren tolle Eindrücke und ein Anreiz, doch mal etwas länger in dieser schönen Stadt zu verweilen, um das zu entdecken, was einfach in einem Tag nicht zu entdecken geht.

Aber meine Vorfreude auf das Wenden des Schiffes in die Richtung, in die es mich drängte, machte sich in mir breit. Auf zu neuen Ufern, ein wenig Eis von einem Eisberg in irgendein Getränk, welches dies auch verdient.

Wasser des Lebens[1]

Wer jetzt an „Eis in den Whisky" denkt, der kommt bei mir jedoch an die ganz falsche Adresse. Whisky kommt bei mir bevorzugt aus Schottland, oder noch besser, von der Insel Islay. Und er sollte schon aus nur einer Malzsorte bestehen und mehrere Jahre geduldig in einem vorher benutzten Eichenfass auf mich gewartet haben. Dann wird er aus der Flasche genüsslich in ein Nosing-Glas in meine Reichweite gebracht, damit ich ihn in prächtiger Raumtemperatur abwechselnd über Nase und Gaumen in die Umlaufbahn der roten Blutkörperchen überführen kann.

Man merkt: Hier ist KEIN Platz für Eis!

Oh, ich denke, ich bin ein wenig vom Thema abgekommen, aber für Genuss ist doch immer ein wenig Zeit, oder?

Ja, wir sind noch auf der Ostsee, genauer gesagt, im Finnischen Meerbusen[2]. Dort wurde auch Helsinki als Hauptstadt Finnlands errichtet und ist immer wieder sehenswert. Vor allem bei schönem Wetter kann man wunderbare Fußmärsche in dieser gediegenen Stadt hinlegen, ohne von allzu vielen historischen Denkmälern erschlagen zu werden.

Dann schnelle Schraube rüber nach Schweden, durch die Schären nach Stockholm. Trotz mehrfachen Besuchen ist es immer wieder eine Verzauberung in die Zeiten von „Pippilotta Viktualia Rollgardina Schokominza (im Buch: Pfefferminz) Efraimstochter Langstrumpf" und „Ferien auf Saltkrokan". Das wird sich hier hoffentlich nie ändern!

---

[1] Die Übersetzung aus dem Gälischen für Whisky!

[2] Ein Busen ist nicht, wie oft gedacht, eine Brust, sondern der Part zwischen zweien dieser beliebten Dinger und somit eine Art Einbuchtung. Und daher kommt dann eben auch der Ausdruck „Meerbusen" als Einbuchtung zwischen zwei Landmassen.

Nach einem Passagierwechsel im geliebten Travemünde wird dann die heiße Phase eingeläutet. Ich prüfe meine warme Kleidung auf Polartauglichkeit und male mir aus, wie mein erster Kontakt mit den Eisbären verlaufen wird.

Fischauge sei wachsam

Extra für Grönland habe ich mir ein Fischauge[1] gekauft, damit ich die gewaltigen Eisberge mit „einem Schuss" erfassen kann, anstatt nachher mühsam mehrere Bilder zu einem „Panorama" zusammenzufassen. Und für die Jagd auf die weißen Riesen eben ein passables 300 mm Tele (für Kleinbild-Freaks: entspricht 480 mm Brennweite) mit Stabilizer[2] gegönnt.

Ich habe schon fleißig mit dem Fischauge geübt, denn das Ding macht bei unvorsichtigem Gebrauch doch eher die Bilder kaputt als dass es schöne Ergebnisse bringt. Aber mittlerweile habe ich eine gewisse Technik entwickelt, die mir schon manchmal ein wenig Stolz auf gewagte Motive entlockt hat.

Und jetzt ab aus dem „Gartenteich" Ostsee über Stavanger in die rauhe Nordsee. Langsam konnte ich am Horizont schon die Eisberge sichten, oder trogen mich da meine Sinne …

---

[1] Hat nichts mit meinem Sternzeichen zu tun, das darf jeder andere auch erwerben.

[2] Bei großer Brennweite und Gefahr beginnt man ohne Stativ zu zittern. Der Stabilizer ignoriert das und hält das Bild stabil. Zauberei, wenn mich einer fragt!

Step by step

Wie kleine Steine im Wasser auf dem Weg zur großen Insel sehen unsere nächsten Ziele aus:

Lerwick auf den Shetland-Inseln, mit diesmal selbst für mich wunderschön anzusehenden Häusern, viel Natur und noch mehr maritimen Eindrücken. Rauh und imponierend.

Die Färöer mit ihren berühmten grünen Bergen und unendlich viel Natur mit ganz wenigen menschlichen Einwirkungen daran.

Diese Eindrücke, gepaart mit der fast unnatürlichen Ruhe, haben sich tief bei mir eingegraben.

Wir glitten über eine Nordsee, die wie ein Spiegel vor uns lag. Unfassbar glatt und ruhig! Die „Mordsee" hatte wohl Urlaub!

Der nächste Schritt, der nächste „Stein" war Island. Land des Eises, Land des Feuers. Nichts könnte gegensätzlicher sein, als die Landschaft dieser Insel. Schade, dass ich mal wieder nicht genug Zeit hatte, um hier ein wenig mehr darüber zu erfahren.

Reykjavik selbst hat nur einen kleinen Hafen, für uns kam deshalb nur Hafnarfjördur in Frage, mit dem Bus kam man aber recht schnell in die Hauptstadt. Machte ich diesmal aber nicht, wir würden noch einmal hierher kommen und dann aber!

Voooooooooooooorsicht, Eisberge!

Und dann sah ich sie: Bedrohlich – waren sie nicht, eher
so, wie zwei spielende Enten sahen sie aus. Aber immerhin
waren es die ersten „Eisberge", die ich in freier Wildbahn
jemals gesehen habe. Wenn ich jemandem dieses Bild zeige,
dann kann ich regelmäßig des Betrachters Mundwinkel beobachten, die sich unwillkürlich in Richtung Ohren bewegen!

Man kann einfach nicht jede Situation mit dem angemessenen Ernst an den Mann und die Frau bringen. Wir sind einfach verwöhnt von Katastrophenfilmen und gigantischen
Naturschauspielen. OK, die Titanic hätte überlebt, aber es
waren für mich Eisberge. Basta!

Und damit ich mir nicht so lächerlich vorkam, wurde diesmal auch ein spezieller Lotse an Bord geholt: Ein Eislotse,
der sich ganz besonders mit den Umständen in der Umgebung Grönlands auskannte.

Es war natürlich nicht Winter, nein, ganz im Gegenteil, wir
kreuzten zur besten Jahreszeit, die es für die Beobachtung
in diesen Breitengraden geben kann: Im Juni zur Sommersonnenwende[1]!

---

[1] Die Zeit, zu der die Sonne ab dem nördlichen Polarkreis gerade nicht
mehr untergeht.

Schlechte Nacht!

Wer in der Schule aufgepasst hat, der ahnt, welch außergewöhnlichen Lichtverhältnisse zu dieser Zeit im hohen Norden den Schlaf nicht gerade einfach machen, denn es wird nicht richtig dunkel.

Wir fuhren auf den nördlichen Polarkreis zu und bei der Überquerung dieser magischen Linie wird plötzlich die Nacht zum Tag und lässt jeden Hobbyfotografen auch mal um Mitternacht einen misslungenen Sonnenuntergang beobachten. Es ist ein wenig, als wäre die Sonne plötzlich wasserscheu geworden und traute sich am Horizont einfach nicht, ins Meer zu versinken. In etwa, wie ein springender Stein auf dem Wasser, nur etwas langsamer.

Wir umrundeten Grönland an der südlichen Spitze und nahmen Kurs auf Sisimiut, der zweitgrößten Stadt Grönlands.

Auf in den Winterurlaub!

Ich konnte es nicht so richtig glauben, aber wir fanden eine wirklich grüne Insel vor. Grönland hat sich im Sommer seinen Namen redlich verdient. Die dicke Jacke und die gefütterten Handschuhe blieben in sicherer Verwahrung. Mit dünner Jacke und dickem Fotorucksack machte ich mich auf meinen ersten Weg auf das unbekannte Eiland.

Es war bunt und schön, roch abwechselnd nach Fisch, Meer und Frühling. Sehr fremdländisch anmutende Namen von Wegen, wie „Umiarsualivimmut" ließen in mir Bewunderung für die besondere linguistische Begabung der Einwohner, den Inuit, entstehen.

Ich kann mir kaum den Text von „Alle meine Entchen" merken, was wohl meiner Karriere als Sänger immer im Wege gestanden hatte. Solche Straßennamen aber würden mich hier unweigerlich ins Nirwana verschwinden lassen, weil ich mir weder merken könnte, wie die Straße heißt, zu der ich hin muss, noch könnte ich jemanden fragen, da ich solch ein Wort wohl kaum mit der angemessenen Betonung auszusprechen im Stande gewesen wäre.

Frischen Fisch gab es hier einfach aus einem Kunststoff-kasten, der auf der Straße stand. Keine Fliegen, wie im Süden. Und bestimmt nicht älter, als der Tag jung war.

Die Schneemobile waren sauber auf den Dächern von Containern geparkt, ungeduldig auf das Ende des Sommers wartend.

Aber eins fand ich wirklich gut: Diese „Stadt" hatte genau die Größe, die ich mag. Nichts war weiter als eine ¼ Stunde Fußmarsch entfernt!

Mit schönen Gefühlen im Bauch und Fotos auf dem Chip ging's wieder „nach Hause" und dem nächsten Abenteuer entgegen.

Immer mitten durch

Der Film „Titanic" sollte einem eigentlich einen gewissen Respekt vor den weißen Riesen unter Wasser, die nur ein Achtel ihrer Größe sichtbar offenbaren, eingeflößt haben. Doch ich fühlte mich mit Radar, Eislotsen, geringer Fahrt, schönstem Wetter und spiegelglatter See so richtig gut aufgehoben.

Der Radarschirm zeigte eigentlich nur einen gelben Punkt neben dem anderen. Und jeder gelbe Punkt hieß: Da nicht lang!

Trotzdem ging es stetig vorwärts und die wohl legendärste Gegend Grönlands lag vor uns: Die Diskobucht!

Hier gibt es keine laute Musik. Es ist eher ein Friedhof für Gletscher. Lange waren sie vom Landesinneren unterwegs und in der Bucht geben sie einfach auf!

Hier kalben[1] sie ihre Eisberge. Und die machen sich dann auf die Wanderschaft und versenken Titanics und andere unvorsichtige Weltenbummler. Oder sie werden mit unendlich viel Mühe in Gegenden geschleppt, in denen es an Süßwasser mangelt.

---

[1] Warum das „Kalben" heißt? Keine Ahnung! Weil es Kuh(l) aussieht? Auf alle Fälle platscht es zum Schluss runter, wie ein Kalb bei der Kuh, vielleicht deshalb? Im Mittelalter war es auch ein Ausdruck für „sich übergeben" (ugs. „Brechen") und schließlich brechen die Gletscher hier ja tatsächlich ...

Auf alle Fälle waren die kleinen Racker rings um uns herum und fühlten sich so richtig wohl. In Urlaubsstimmung auf dem Weg nach Amerika. Manche sollen schon New York besucht haben, da sind sie jedenfalls weiter gekommen als die glücklose Titanic.

Bis zu 20 Millionen Tonnen Eis kommen so täglich in der Diskobucht in den Genuss der Freiheit. Am Ende jedoch trifft alle dasselbe vergängliche Schicksal.

Darüber hatte ich mir da jedoch keinen Gedanken gemacht, ich war nur fasziniert von den vielen Farben, die diese Giganten haben konnten. Ich hatte immer nur „Weiß" gewusst. Doch sie schimmerten blau, grün, türkis, waren mit blauen Adern durchzogen und mit Löchern zum Durchschauen versehen.

Das war, was ich erleben wollte. Besser, als vorgestellt, das ist immer gut!

Und zwischen diesen großen und kleinen Mini-Inseln tummelten sich Sportboote, wie auf der Ostsee. Weiß nicht, ob die auch alle zum Baden wollten?

Leider fehlten mir zu meinem Glück die springenden Wale, so wie man sie auf den Bildern sieht, die immer nur die anderen machen. Aber es schien, dass die gerade im Einvernehmen mit den anderen „Weißen Riesen" der Arktis, den Eisbären, ein Rendezvous jenseits des Horizontes hatten. Vermutlich warteten sie hinter der Krümmung der Erdkugel darauf, dass ich endlich meine Kamera wegpacke!

Landidylle

OK, wir blieben vor dem Horizont und liefen als nächsten Ort Aasiaat an. Hier wurde einem schlagartig bewusst, dass man sich jenseits der normalen Touristengebiete befand. Kein roter Teppich, keine kleine Inuit-Band als Willkommensgruß, keine vorgetäuschten Symbole eines fröhlichen Lebens auf dieser größten Insel der Welt.

Der Weg zum Schiff ging über einen mit Palettenbelegten Steg, der die Wasserlachen vom kürzlich niedergegangenen Regen knapp überragte. Alles schien in keinster Weise der Anwesenheit eines Kreuzfahrtschiffes zu genügen, aber gerade dies war wohl auch der Reiz dieses Ortes. Ein wenig Abenteuer und Erleben pur. Weit ab vom Rummel der Zivilisation.

Erst kürzlich hatte ich in einem Filmbericht gesehen, dass die Selbstmordrate auf Grönland wohl überdurchschnittlich hoch sein soll. OK, ich glaube es! Ich würde hier wohl kein Haus für mein Altenteil erwerben wollen, selbst wenn ich noch ein wenig Geld dazubekäme.

 Der „Höhepunkt" dieser Location war dann wohl auch die Abholung eines Besatzungsmitgliedes von der örtlichen Polizei, weil er beim Anlegen mit einem Tenderboot den Anleger versenkt hatte.

War jedoch nicht seine Schuld, der Anleger war nur etwas baufällig und dadurch schon bei der leisesten Berührung aus der Halterung gesprungen und konnte so seinem Zweck nicht mehr Genüge tun.

Nicht auszudenken, wenn man den Guten zur Strafe einfach dort behalten hätte!

Großer, großer Fjord

Aber auch hier ging der Tag zu Ende und eröffnete uns den weiteren Verlauf der Reise, wieder in Richtung Süden, in den Fjord der Fjorde: Den „Großen Fjord", in der Landessprache „Kangerlussuaq".

In der Tat eine Wahnsinnskulisse. Nicht so wie die Fjorde Norwegens oder Chiles, die durch ihre Klarheit beeindruckten, sondern sehr weiche Konturen der umrahmenden Berge, die von heruntergefallenen Wolken bedeckt wurden. Ein unwirkliches Schauspiel, das sich auch nach Aussetzen der Tenderboote noch dramatisch zuspitzte. Denn diese haben in ihrer einfachen Ausstattung keine Radargeräte an Bord, sondern sind allein auf gute Sicht angewiesen. Und diese war gleich Null!

Aber unsere Nautiker waren mit allen Wassern gewaschen und zeigten jetzt einmal, wie auch die schwierigsten Situationen mit einfachen Mitteln in den Griff zu bekommen waren: Die Deutschland hat natürlich sehr leistungsfähige Radargeräte und elektronische Seekarten und überdies lag die Brücke über dem vernebelten Wasser. So wurden die kleinen Boote kurzer Hand per Funk von „Oben" geschickt an die Anlegestelle geleitet.

Und noch eine kleine Besonderheit gab es am Ende dieses beeindruckenden Fjordes: Den Flughafen Kangerlussuaq, der diesen abgelegenen Teil der Welt mit eben dem anderen Teil verband.

Und als altem Piloten kam mir da die Idee, mal die Luft mit dem Wasser zu verbinden und unser Notfallgerät für den Flugfunk einem Funktionstest zu unterziehen.

Solche Geräte dürfen von „normalen Menschen" ohne dringende Notlage nicht einfach mal so verwendet werden, aber ich hatte vor vielen Jahren schon ein Flugfunkzeugnis für den internationalen Flugfunksprechverkehr erworben und glänzte nun mit dieser Erlaubnis:

„Kangerlussuaq Airport, here is Cruiseship Deutschland for radiocheck. Position seven miles outbound, altitude is mean sea level, field in sight. How can you read me?"

Nach minimaler Pause eine Antwort vom Tower:

„Cruiseship Deutschland, read you loud and clear. Welcome to Kangerlussuaq!"

Das ist interdisziplinär!

Dies war übrigens ein besonderer Tag für Viele, denn bei der Fußball-EM stand Deutschland Italien gegenüber. Wir bekamen an Bord wieder mal keinen Satelliten in unsere Schüssel, der dieses Spektakel übertragen konnte, und so machten sich die Fußballfreaks auf den Weg in eine vorher erkundete Kneipe, um über die grönländischen Landverbindungen an diesem Ereignis teilhaben zu können.

Trotz großer schwingender Fahne und Siegesgewissheit verlief dann wohl das Spiel nicht so ganz, wie vorher lautstark propagiert. Die Fahne kam eingerollt wieder an Bord zurück und kaum jemand stellte dann noch die Frage nach dem Ausgang des Spiels.

Alles wird schön

Wir blieben über Nacht, und das war eine gute Entscheidung. Denn der nächste Tag ließ den wolkenverhangenen Vortag einfach vergessen.

Die Rückfahrt durch den Giganten der Fjorde erlebten wir in strahlendem Sonnenschein.

Hier gab es noch etwas anderes in atemberaubend klarer Luft zu sehen: Das Wasser des Fjordes, das sich gelegentlich mit den weißlichen Fluten der abschmelzenden Gletscherflüsse mischte war einfach ein unbeschreiblicher[1] Augenschmaus.

---

[1] Wenn's unbeschreiblich ist, warum probiere ich es dann eigentlich zu beschreiben?

Nur eins vermisste ich: Woher hat Grönland eigentlich seinen Namen bekommen? Kommt ja von „Grünland", also wohl Vegetation satt. Aber die umsäumenden Berge des Fjordes waren alles andere als grün. Und da es sowieso schon Sommer war, kamen mir Zweifel, ob dieses Grün hier noch irgendwo dem Land alle Ehre machen würde.

Wer meine Bilder gesehen hat, der weiß, was ich meine.

Die Hauptstadt

Auch Grönland hat natürlich seine Hauptstadt, und die heißt Nuuk. Im Gegensatz zu Aasiaat, das sich dem Tourismus wohl nicht so ganz erschließt, ist hier schon zu sehen, dass die Einwohner gewohnt sind, mit neugierigen Fremden umzugehen.

Ganz ungewöhnlich war es, in dieser friedlichen Umgebung eine Ansammlung von lieblosen Hochhäusern zu sehen, die der eigentlich schönen Silhouette dieser kleinen Stadt einen unschönen Touch geben.

Wir gingen vor Anker und dieses geschah wohl ziemlich dicht unter Land[1], was einer dänischen Zeitung den Artikel „Costa Concordia von Nuuk" entrang, was natürlich Blödsinn war, da wir nun wirklich keine Landberührung hatten. Aber was tut man nicht alles, um unspektakulären Ereignissen etwas Lesenswertes zu geben?

Ich versuche das mit diesem Buch schließlich auch. Obwohl natürlich für mich schon alles ziemlich spektakulär war!

Das Beste an der Stadt Nuuk ist aber, dass man diese gut zu Fuß erkunden kann. Für mich als Fotofreak mit wenig Zeit natürlich eine wichtige Grundlage für die Exkursion.

Aber die vorher schon als störend empfundenen Hochhäuser machten bei näherer Betrachtung auch keine bessere Figur. Ganz im Gegenteil: Es machte sich das Gefühl breit, hier die Behausungen einer sozial stark benachteiligten Gesellschaftsschicht vor sich zu haben.

Immer wieder das Ergebnis, wenn Orte übermäßig schnell durch wirtschaftliche Ursachen wachsen und dann nach der Ernte nur noch die vom Weizen getrennte Spreu übrig bleibt. Der Weizen hat dann allerdings das Land schon lange verlassen.

---

[1] Nein, „unter Land" heißt natürlich nicht, dass man unter dem Land liegt. Es ist hier die Abschattung des meist heftigen Seewindes durch Festland, das sich diesem Wind entgegenstemmt und dadurch den Schiffen „unter Land" seinen Windschatten spendet.

Aber auch hier gibt es natürlich wieder eine positive Seite: Wäre alles nur schön gewesen, dann hätte es sich nicht so nachhaltig ins Gedächtnis gegraben. Kontraste leben länger!

Und das Wichtigste war: Ich hatte wieder mal einen meiner Einträge aus meiner Lebenswunschliste als „erledigt" markieren können.

Auf dieser Liste stehen aber auch noch Dinge, die immer noch den erlösenden Haken vermissen, als Beispiele:

- Kanada mit seiner mächtigen Natur erleben
- Die „Route 66" von West nach Ost[1]
- Einmal ganz schnell[2] durch New York staunen
- Einen Flug mit einem kleinen Wasserflugzeug

Aber all dies ist nicht zwingend, es wäre einfach nur schön. Den großen Druck, die Welt zu erleben, habe ich mir durch die Arbeit auf dem schönsten deutschen Kreuzfahrtschiff[3] schon genommen.

---

[1] Die Route 66 wird eigentlich immer von Ost nach West durchfahren. Für mich ein Grund, dies ein Grund, dies umgekehrt zu vollziehen, weil es für die Vermieter von Motorrädern und Wohnmobilen immer teuer ist, die Gefährte zurückzubringen und diese dadurch einen guten Preisnachlass gewähren.

[2] Ich mag doch eigentlich keine Großstädte, deshalb kurz überwältigen lassen und weg!

[3] Es ist ja schließlich das Einzige!

Reif für die Rückkehr von der Insel

Mit diesem wohligen Gefühl kam dann auch die Vorfreude auf, der Heimat wieder ein Stück näher zu kommen. Wobei das Ziel „Island" als Näherkommen zu bezeichnen, ja schon ein wenig prollig klingt, oder?

Aber mit dem Finger auf dem Globus kann man eben einfach davon sprechen. Und das Gefühl, dass alles auf der Welt einfach irgendwie miteinander verbunden ist, kommt auf einem Schiff, das eben diese Welt so fast vogelfrei zu umrunden imstande ist, unweigerlich auf.

So wird die kleine Liste mit „noch nicht gesehen" um einen Punkt reduziert, der da heißt: Reykjavik.

Die Hauptstadt Islands ist schon mal wieder ein wenig angehaucht vom westlichen Standard und so kommen natürlich auch andere Sehenswürdigkeiten auf den Augenschmaus-Speisezettel.

Die Musikhalle in Reykjavik ist in ihrer Architektur schon als außergewöhnlich zu bezeichnen.

So würden sich vermutlich Bienen in ihrer Behausung vorkommen, wenn die Waben aus Glas wären. Alle Achtung, vor allem dem Personal gegenüber, das diese Glasmassen von Schmutz und Besucher-Handabdrücken befreien muss!

Oder ein Raumschiff, das von vielen für eine Art Kirche gehalten wird. Aber mal ganz ehrlich: Wer würde eine Kirche bauen, die wie ein Spaceshuttle aussieht? Etwa mit Kurs auf den Herrn, dem dieses Gebäude gewidmet wurde?

Und auch hier die Mischung aus ursprünglichen schönen Häusern mit den, meist schon in der Bauphase ersichtlichen, Bauruinen, die durch allerlei einfallsreiche Graffitis wenigstens einen gewissen Zweck erfüllen. In der dunkleren Jahreszeit sicherlich ein kleiner Leckerbissen für die Augen.

Und endlich kam die Belohnung für den Erwerb meines schönen Teleobjektives, das ich zu diesem Zweck eigens erworben habe: Ich hatte Eisbären vor der Linse und mit wagemutiger Aktion pirschte ich mich heran und bannte sie auf meinen Chip!

Mancher mag jetzt sagen:

„Die sind ja nicht echt. Alles Schummel!"

Aber es waren Eisbären. Ich schwöre!

Leider reichte meine Zeit mal wieder nicht, um viel vom Land „Island" zu sehen, aber ganz ehrlich: Egal, wie viel man von der Welt gesehen hat, es würde trotzdem immer noch ein Stück fehlen. Oder kennen Sie jeden Stein des Ortes, in dem Sie wohnen? Nein!

Ich habe es schon erlebt, dass mir jemand, der gerade mal zwei Tage im Urlaub bei mir zuhause war, etwas über meinen Lebensraum erzählt hat, was ich nie zuvor bemerkt hatte.

Grundstück mit Blick auf's Meer

Es hat bestimmt schon jeder den Begriff „Zappen" gehört?

So ähnlich kommt man sich auf einem Kreuzfahrtschiff vor, das einen Hafen nach dem anderen, ein Land nach dem anderen besucht. Man muss schon eine verdammt schnelle Verschlusszeit in der Kamera einstellen, damit man nicht zwei Länder auf ein Bild bekommt ...

Aber es ist natürlich auch immer etwas dabei, was man bis dahin noch nicht gesehen hatte.

So auch auf unserer nächsten Station auf der Rückreise, ein typisch britisches Städtchen namens Lerwick auf den Shetland Inseln.

Bei der Einfahrt in den Hafen sieht man ein Grund-
stück, dessen Lage direkt mit Blick auf's Meer einfach als
traumhaft zu bezeichnen war, sich jedoch bei näherer
Betrachtung als ein Friedhof entpuppte, welcher seinen
Bewohnern eben genau diesen Blick auf diese weltliche
Schönheit erlaubte. So muss die ewige Ruhe doch herrlich
sein, oder? Ich kann mir jedoch selbst bei intensivstem
Grübeln nicht vorstellen, wie man mit zwei Metern Erde
über dem Holzdeckel und einem Ruhepuls von Null diesen
Ausblick genießen soll.

Die Stadt aber ist für noch lebende Erdlinge ein schöner
Beweis englischer Baukunst, kaum getrübt durch moderne
Architektur. Dazu ein gelungener Anschluss an die umgebende Landschaft, die schon das typische Bild, das viele
sich von dieser Gegend machen, auf eine schöne Art
bestätigen.

Nicht zuhause

Weiter geht's über den Hafen von Kirkwall nach Invergordon, dem Nachbarstädtchen von Inverness, das wiederum nahe dem sagenumwobensten See Schottlands liegt: *Loch Ness!*

Die Erwartungshaltung war hoch und meine Kamera für alle Eventualitäten vorgespannt. Nessie konnte kommen!

Wir absolvierten den Grundkurs am See, damit wir die Entstehungsgeschichte dieser Sehenswürdigkeit auch zu schätzen wussten. Geschichten über die Burg „Urquhart Castle", die Zerstörung durch die eigene Hand und über das Haustier im See.

Danach wurden wir freigelassen und konnten so die Geheimnisse um das Sagentier endlich dank bester Optik lüften.

Aber wie lange ich auch wartete, und das waren bestimmt über fünf Minuten, das niedliche Urtier war einfach nicht zuhause und ließ sich deshalb auch nicht fotografieren. Schade, ich hätte gerne ein Bild beigefügt.

Zuhause

Wir zappten die Häfen Dundee, Leith, Newcastle, Hull und
Amsterdam durch, bevor wir mal wieder nach Hause kamen
und die Paxe von der Grönland- gegen die einer Schnup-
perreise rund um die Lieblingsinsel Sylt austauschten.

Der Ort List auf Sylt war ein kleines Special, das wir mit der
Deutschland auch nur erreichen konnten, weil diese eben
kein „Großer Pott" war. So wurden wir durch die schmale
Fahrrinne um die Insel herum von dem Seenotrettungs-
kreuzer „Minden" geleitet, der uns den richtigen Weg hin
und zurück zeigte. Wieder mal schnell mit dem Tenderboot
an Land, die See- gegen die dort benötigten Landbeine
getauscht und mit einer kurzen Exkursion durch die Dünen
und entlang dem Strand die Gelegenheit zum Relaxen
genutzt.

Ein wenig Sport?

Bremerhaven war auch nach diesem Kurztrip unser „Heimathafen" und wieder entließ das Schiff seine lebende Fracht gegen eine neue Spezies: Den sporthungrigen Pseudo-Olympiateilnehmern, die während unserer dreiwöchigen Liegezeit in den India-Docks in London ein wenig Augen-Sport treiben wollten.

Damit wir nicht zu schnell waren und vor den Sportlern über die Ziellinie schossen, machten wir noch einen kleinen „Schlenker" über die Häfen Hull, Leith, Aberdeen, Stornoway, Belfast, Douglas auf der Isle of Man, Dublin und Plymouth.

In Dublin gab es für die Crew ein ganz besonderes „Schmankerl": Ein Ausflug mit einem Amphibien-Fahrzeug über den Asphalt und durch das Wasser Dublins. Coole Sache, so was wünsche ich mir zu Weihnachten. Wir hatten Spaß und waren guter Dinge für drei Wochen Liegezeit in London. Ausgezappt!

Die exklusive Lage in den India-Docks hatten wir ja schon im Jahr zuvor ausprobiert, damit wir keine Überraschungen erleben würden. Deshalb waren wir auch ganz entspannt und quälten uns noch einmal durch die enge Schleuse der Docks wie durch einen Geburtskanal zum Liegeplatz.

Alles lief glatt und ich konnte während dieses Manövers ein paar wirklich eindrucksvolle Bilder vom achteren Mast schießen. Hier hatte ich alles im Blick!

Jetzt noch schnell geprüft, ob die dicken Kugeln auf dem Vorschiff ihre Arbeit wie im letzten Jahr ordnungsgemäß verrichteten.

Nur ein ganz kleines Stückchen

Wir lagen gefühlt eigentlich wie im letzten Jahr, aber da hatten wir Fernsehempfang.

Jetzt nicht!

Fieberhafte Überlegungen, alles nochmal geprüft, kein technischer Defekt: Wir lagen falsch!

Trotz aller Tests aus dem Vorjahr gab es eine kleine Differenz, die ich mit „wir müssen etwa einen Meter fünfzig nach vorne verholen" dem Kapitän präsentierte.

Er staunte mich an. Ich konnte nur sagen: „Entweder öffnen die da im Hochhaus, neben dem wir liegen, die Fenster, so dass wir da durch auf den Satelliten sehen können, oder wir müssen ein kleines Stückchen nach vorne."

Ganz wohl war mir nicht in meiner Haut, denn wir hatten uns schon komplett mit allen Leinen und der Gangway mit dem Land verbunden und nun alles lösen und etwa einen Meter voraus?

Wie viel Bier würde es kosten, wenn ich mich irrte?

Keins!

Ich kam mir ein ganz klein wenig vor, wie wohl einer der ersten Olympioniken in London beim Übertreten der Ziellinie. Das Programm war wieder so, wie es sein musste. Maßarbeit!

Ich hatte auf diese Weise wieder mal ein kleines bisschen an meiner „Narrenfreiheit" gearbeitet, die es mir erlaubte, neben den vielen Aufgaben an Bord trotzdem noch Zeit und Gelegenheit zu haben, um meinem Bilder-Hobby nachzugehen.

Wieso ist der immer da, wenn was los ist?

Es war natürlich nicht allen recht, dass ich doch bei eigentlich ziemlich vielen der wichtigsten Momente trotz meiner Arbeit an Bord die Gelegenheit hatte, diese auch einzufangen und mitzuerleben. Diese Freiheit versuchte ich dadurch zu erlangen, dass die mir anvertrauten Aufgaben immer erledigt waren, bevor ich meine Eindrücke für die Nachwelt einfangen konnte.

Es kam daher auch später zu einer Konfrontation, die sich genau um dieses Thema drehte. Man kann es nie allen Recht machen, so ist es immer gewesen, so wird es immer sein.

Seltsamerweise hat mich niemals jemand mitten in der Nacht gefragt, wenn mal wieder der Internet- oder Fernsehsatellit ausgefallen war und ich zu nachtschlafender

Zeit diesen wieder auf seine korrekte Umlaufbahn gebracht habe.

Ich glaube, so manch einer von Ihnen kennt genau dieses Gefühl, dass irgendein Neider irgendwo zur falschen Zeit am falschen Ort erscheint. Egal – Geschichte!

Mal wieder eine Großstadt zum Verlieben

Dieses Mal gab es in meinem Dienstablauf einen großen Unterschied zu den anderen Reisen: Meine Ablösung war während der Olympischen Spiele mit an Bord, damit wir den erhöhten elektronischen Anforderungen in Bezug auf die Medien, die natürlich während der Spiele bei uns an Bord waren, gerecht werden konnten. Wir waren immerhin das „Deutsche Schiff 2012" und selbst der Bundespräsident war bei uns auf der Brücke.

Diese neue Dienstaufteilung sorgte dafür, dass wir uns den lästigen Pager, die Fußfessel, die uns auch während der eigentlich dienstfreien Zeiten doch immer in Lauerstellung versetzte, im täglichen Wechsel teilten. So war bei Dienstschluss jeden zweiten Tag tatsächlich Dienstschluss und London konnte erkundet werden.

Ich möchte dieses Mal nicht auf die einzelnen Erkundungstouren eingehen, dafür wäre es fast schon notwendig, ein separates Buch zu schreiben, aber eins sei gesagt: Ich habe diese Stadt ein wenig lieben gelernt.

Und das lag einerseits an dem fast durchgängigen Superwetter als auch an der genialen Infrastruktur Londons, an der sich so manch andere Großstadt wohl gnadenlos messen muss.

Weh- und Wagemut

Eine Belastung der ganz besonderen Art kam dann auf uns zu, als es aufgrund von internen Differenzen zwischen der Crew und Firmenführung in Sachen „Menschlichkeit vs. Profit" zu einem Eklat der besonderen Art gab. Und das kam so:

Die neuen Eigentümer hatten sich schlau gemacht und waren auf wundervolle Art und Weise auf die Idee gekommen, die MS Deutschland in ein ausländisches Land auszuflaggen[1]. Und Malta wäre dieser Fluchtort gewesen wenn es nach dem Willen einiger weniger, die, wie so oft, mehr zu sagen hatten obwohl sie weniger über vieles wussten, gegangen wäre. Dann würde die Landesflagge dieses Inselstaates die neue Heimat des „Traumschiffs" angezeigt haben. Diese hätte man sich einfach merken können, denn in jedem Spirituosenladen leuchtet einem das Wappen in roter Signalfarbe entgegen.

Es wäre ein Land mit weniger Abgaben, mehr Gesetzeslücken, einfacheren Auflagen und im Endeffekt billigeren Arbeitskräften gewesen.

Zu unserem Glück waren jedoch schon Verhandlungen mit ver.di und den neuen Eigentümern des Schiffes im Gange, die in diesem Stadium diese Ausflaggung für uns erstmal verhinderten.

---

[1] Im Mittelalter gab es zur Kennzeichnung des Standes und der Herkunft von Rittern, die aus den unterschiedlichsten Gründen aufeinander zuritten, Schilde, welche eben diese Merkmale von weitem sichtbar machten. Die Seefahrt hat sich dieses Prinzip einfach abgeschaut und statt des Schildes nun einfach die Flagge des Landes, aus dem das Schiff kommt, weithin sichtbar aufgehängt. Nun ist aber jeglicher Gewinn, den dieses Schiff erwirtschaftet, auch an dieses Land abzuführen und da die Abführmittel in Deutschland eben höher sind, als in anderen Ländern, gibt man seinem Schiff einfach eine neue Heimat, die weniger raffgierig ist, und entzieht sich so dieser Willkür. Sichtbar durch die Flagge des neuen Landes. Also „Ausgeflaggt" statt „Ausgewandert".

Zu jener Zeit hatten wir noch zwei Kapitäne, die ich unter „Die Besetzungsliste" noch näher beschreiben werde. Der „Alte" war gerade nicht an Bord, aber er hatte eine Ahnung, dass in London diese Ausflaggung geplant war. Er reiste mit dieser Besorgnis als Privatmann eigens dafür an, um eine Ausflaggung zu verhindern. Als Gegenaktion wurde er von der Geschäftsführung des Schiffes verwiesen und etwas später sogar entlassen.

Diese riskante Aktion überschattete natürlich unseren mit olympischen Gedanken geprägten Aufenthalt in der Themsestadt, sorgte aber auf alle Fälle durch den großen Wirbel, die der Einsatz des „Alten" erzeugt hatte, für einen einstweiligen Verbleib unter der sicheren deutschen Flagge.

Mal ganz ehrlich: Ein Schiff mit Namen „Deutschland" ist unter der Flagge Maltas schwer denkbar, oder?

Wir versuchten, das Ganze wieder auf eine normale Basis zu stellen und der Arbeitsalltag holte uns wieder ein.

Sport an Bord

Der Abschluss dieser so genial übersprungenen drei Wochen bildete die Rückreise mit den deutschen Sportlern, die dafür sorgte, dass wir neben der auch sonst schon gemütsbewegenden Elbpassage bis Hamburg noch einen gehörigen Kick versetzt bekamen, weil natürlich durch die Medien bekannt war, wer dieses Mal mit dem sowieso beliebten Schiff in die Elbmetropole kam.

Tausende von jubelnden Menschen, mit den unterschiedlichsten Hilfsmitteln bewaffnet, um auf sich aufmerksam zu machen, standen an den Elbufern, winkten und jubelten uns zu!

Der Höhepunkt erwartete uns nach dem Konvoi von Hunderten von Schiffen über die Elbe am Cruiseterminal selbst: Auf der Großraumleinwand konnten wir uns selbst beim Anlegen zuschauen und rund zehntausend Jubler empfingen die Sportler.

Und dieser unvergessliche Moment war dann auch noch das Ende meiner vierten Heuer.

Kurze Pause

Durch die doppelte Besetzung während der drei London-Wochen fiel leider die freie Zeit bis zur nächsten Heuer kürzer aus, als gewohnt.

Es war Mitte August, meine Früchte im Garten, auf die ich mich jedes Jahr immer wieder freue, waren in den Mägen der Familie und Freunde verschwunden.

Na wartet, die nächste Heuer wird mich dahin führen, wo es die Früchte direkt vom Baum gibt. Früchte, die ich hier im Supermarkt nur unter Zuhilfenahme von Fachliteratur anrühre.

Die nächste Heuer sollte die magische Zahl von einhundert Tagen dauern.

Und was ich da noch nicht wusste:
Es sollte meine letzte Reise auf der MS Deutschland werden.

Fünfte Heuer

Wieder mal ging es mit dem Flugzeug zum Arbeitsantritt und wieder mal von einem Ort aus, den die meisten nur vom Urlaub her kennen.

Nach zweieinhalb Stunden erreichte ich Palma de Mallorca. Schon beim Landeanflug drängte sich eine weiße Schönheit durch das, zufällig auf der richtigen Seite gewählte, Guckloch.

Ein wenig Vorfreude machte sich breit, denn diese Heuer ging, grob gesagt, rund um Afrika.

Wer bis hierhin aufmerksam gelesen hat, der weiß natürlich, dass wir immer ein wenig „Anlauf" brauchen, bevor wir so richtig zur Sache kommen. Und so machten wir es uns im Mittelmeer erstmal so richtig gemütlich, fuhren später dann an Gibraltar vorbei auf den Atlantik, um das ersehnte Land zu entdecken.

Me(e/h)r Land

Ich hatte mir vorgenommen, doch nun auch häufiger mal an Land zu gehen, damit meine Erinnerungen nicht nur aus Aufnahmen vom Schiff aus bestanden. Aber häufig genug überlegte ich es mir, nachdem ich einen prüfenden Blick auf die zu erkundende Umgebung erhascht hatte.

Hier ein paar positive Überraschungen:

Catania (Italien) – Eine liebenswerte kleine Stadt, die doch eine Menge Bilder[1] gebracht hat.

Crotone (Italien) – Eine bergige Landschaft direkt in der Nähe des Liegeplatzes macht mir immer Lust auf einen Ausflug. Es könnte doch immer sein, dass man dann ganz besondere Ausblicke ergattert. Eigentlich sollte die nächste Evolutionsstufe des Menschen in Richtung „Flugfähig" gehen. Wir brauchen viel zu viele Hilfsmittel, um uns über andere zu stellen um auf sie hinunter zu schauen.

---

[1] Meine Sympathie für gewisse Orte lässt sich proportional zur Anzahl der gemachten Fotos messen. Einfach? Genial!

Brindisi (Italien) – Wenig Bilder …

Vlorë (Albanien) – Dieses Land wird in Zukunft wohl etwas mehr für den Tourismus tun. Die Anfänge sind sichtbar.

Korfu (Griechenland) – Das, was ich in der Hauptstadt Kerkira zu Fuß erlaufen konnte, hat mir sehr gefallen. So sehr, dass ich jetzt einen Zwei-Wochen-Urlaub auf dorthin gebucht habe, um mir diese Insel einfach mal genauer anzuschau'n.

Katakolon (Griechenland) – Der dritte Anlauf dieses Hafens hat nun endlich geklappt. Während sich die Gäste an Bord in Richtung des antiken Olympia gemacht haben, habe ich mal wieder einen Fußmarsch in die bergige Hochebene unternommen. Ein krasses Gegenteil zu „unten" am Wasser. Knochentrocken und Olivenbäume bis zum Horizont. Das wär doch was für meinen Garten, niemals gießen – nur genießen!

Monemvasia (Griechenland) – Eine komplett andere Welt auf einem vorgelagerten Felsen, der zu frühen Zeiten einmal militärischen Zwecken gedient hat. Gediegene Häuschen und Wege, an die felsige Umgebung angepasst. Sehr, sehr sehenswert.

Santorin (Griechenland) – die sagenumwobene Insel in der Form eines Atolls, die den Mythos von Atlantis nährt.

Direkt am Hafen gibt es drei steile Möglichkeiten, um sich auf die zweihundertfünfzig Meter über dem Meer gebaute Stadt zu kommen:

1. Mit der Seilbahn

2. Mit einem Maultier über diese steinige, steile, serpentinenförmige Straße

3. Ohne Maultier über diese steinige, steile, serpentinenförmige Straße

Ein ambitionierter Fotofreund wählt natürlich Antwort (3)

Der Aufstieg bei über 30° ohne Schatten (der Weg liegt auf der Südseite) und durchtranspirierter Kleidung wurde allerdings mit einem überwältigenden Blick belohnt. Ziemlich paradiesisch mit dem erhabenen Überblick auf zahlreiche Schiffe, die sich auf die Liegeplätze vor dem Hafen verteilten.

Flagge zeigen

Ich hatte von dem Ereignis in London berichtet, das immer noch wie ein Schatten über der Stimmung lag. Die Zeitungen waren voll davon, wir haben es hautnah miterlebt und deshalb hatten viele ein mulmiges Gefühl, als wir Valetta anliefen.

Valetta ist die Hauptstadt von Malta. Und deshalb hüteten wir unsere Flagge dort auch ganz besonders wachsam. Hier schien die Gefahr groß, dass zu nachtschlafender Zeit irgendetwas geschehen würde, was der Crew nicht gut täte. Wir hatten aber Glück und keine unerwartete Aktion ließ uns heimatlos werden.

Die Stadt selbst war herrlich in die vorhandenen Felsen integriert und die Erkundung brachte mir viel Spaß.

In die richtige Richtung

Weiter ging es in Richtung Spanien.

Das nächste Ziel, Malaga, machte sich schon gaumentechnisch als Vorfreude auf einen sehr schmackhaften dickflüssigen Wein bemerkbar. Das wollte ich wohl mal vor Ort probieren und mit ein paar erfahrenen Crewmitgliedern ging es dann auch in Richtung auf die Quellen dieser sündigen Flüssigkeit.

Als kleine Eingewöhnung in diese Stadt tingelten wir erst durch die bunten Straßen und außergewöhnlich vielfältigen Märkte, die immer wieder mit dem großen Angebot von frischen Feld- und Meeresfrüchten verwöhnten. Viel weniger maschinell abgepackte Nahrung als bei uns, die, so scheint es manchmal, schon in der Tüte gezüchtet wird.

Und, ja, wir waren in der berühmten kleinen Probierstube „Antigua Casa de Guardia"in Malaga.

Eine ganze Wand mit gestapelten Fässern und den leckersten Weinen. Schön, einfach und liebenswert: Die getrunkenen Leckereien wurden einfach mit Kreide auf die Theke vor einem geschrieben und wenn man dann irgendwann in einer besonders guten Laune war, vom Fachmann zusammengerechnet.

Natürlich nahmen wir noch einen Liter für den Nachdurst mit. Unbedingt zu empfehlen!

Nach einem kurzen „Abstecher" über das schöne Lissabon, dessen Brücke mich beim ersten Hinsehen immer wieder an die Golden Gate Bridge erinnert, sprangen wir über Cadiz nun endlich nach Casablanca über, dem ersten Ort auf dem afrikanischen Kontinent. Immer noch nicht so begehrenswert für mich, wieder besiegte der Anblick den Zauber des Namens.

So richtig dem schwarzen (Entschuldigung: Extrem pigmentierten) Kontinent zuwenden mochten wir uns aber dann doch noch nicht, sondern wilderten auf dem Atlantik noch im Revier von Madeira und Teneriffa herum und hüpften weiter zur Nachbarinsel La Palma.

Aus etwa 130 Kilometern Entfernung hatten wir von dort einen herrlichen Blick auf den Pico Teide, den über dreitausend Meter hohen Berg auf Teneriffa, in der aufgehenden Morgensonne. Mal wieder einen Sonnenaufgang für meine Sammlung.

Noch ein Hafen trennte uns von der endgültigen Eroberung Afrikas: Porto Grande auf den Kapverden.

Zuwachs

Hier bekamen wir auch ein paar Gäste, die uns bewusst machten, in welches Gebiet wir eigentlich fahren wollten.

Eine vier Mann starke Truppe, bis an die Zähne bewaffnet, bestehend aus kampferprobten Männern von verschiedenster Herkunft, gleichermaßen erschreckend als auch beruhigend. Denn wenn sich irgendwo auf der Fahrt Piraten nähern sollten, die man ja eigentlich nur aus den Nachrichten der fernen Länder kennt, in die man ja nie im Leben kommt, dann hätten wir die passende schlagkräftige Antwort immer parat gehabt.

Wir haben uns ganz schnell an diese „liebenswerte Bande" gewöhnt und natürlich wurde die eine oder andere Geschichte ausgetauscht, die einem die Vorfreude auf den Osten Afrikas ein ganz klein wenig trübte. Aber Klappern gehört auch da wohl zum Handwerk.

Die Ausrüstung hängten sie in Sichtweite für die Piraten.

Nach kurzer Zeit gehörten die vier auch wie selbstverständlich zur Crew.

Kultur pur

Und dann ging es wirklich endlich zur Sache. Wir erreichten Banjul in Gambia.

Mein tatsächlich erster Kontakt mit diesem Land, der einen flüchtigen Eindruck von dieser Kultur vermitteln konnte. Bemerkenswerte Menschen, die hier hinzugehören schienen. Es stieg in mir, trotz meiner Vorliebe, die Welt als grenzenlosen Lebensraum für alle Völker zu sehen, das Gefühl auf, dass diese Menschen aufgrund ihrer Evolutionsgeschichte genau hierher gehören. Und sich viel wohler dort trotz aller Probleme fühlen, als wenn sie unter unserer tief stehenden Sonne in vorgespiegelter Freiheit leben würden.

Können wir das nicht einfach umdrehen? Nicht die Menschen gehen dahin, wo es mehr Menschenrechte gibt, sondern die Menschenrechte verbreiten sich virusartig über unsere Erde?

Nein?

Stimmt, da steht das virushemmende Mittel „Mensch" dagegen.

Es wird nicht stattfinden!

Und dann wird man eingeholt von den Nöten, die doch hier herrschen und die wir mit kleinen Mitteln versuchen, aus unserer Heimat, in der es uns so gut geht, hier zu helfen.

Das SOS-Kinderdorf mit dem malerischen Namen „Kinderdorf Bottrop" lag wie selbstverständlich am Straßenrand.

Zurück zur Sache: Verwöhnt von den Straßenverhältnissen in unserem Land staunt man schon gewaltig über die Untergründe, über die altersschwache Autos fahren, die von uns mit der Abwrackprämie gesponsert dieses Land mit einer Art Dauer-Déjà-Vu von schon einmal gesehenen Fahrzeugen überziehen.

Mit einem dieser fast neuwertigen Busse setzten wir uns in Richtung Makasutu Park in Bewegung. Ein Stück Mangroven-Dschungel am Rande der Stadt, zu erreichen über abenteuerliche Wege. Während der Regenzeit aufgeweicht und ausgefahren, danach in dieser Form in der Sonne erstarrt.

Die Busse erreichten Schräglagen, die mich an Szenen erinnerten, in denen Autos versuchten, auf zwei Rädern zu fahren.

Wir sind einfach verwöhnt!

Die Tiere, die ich dort gesehen habe, gefielen mir in der gewohnten Umgebung viel besser, als in den Zoos der Welt. Wer hat es wo besser? Ich weiß es nicht wirklich.

An den Wegesrändern standen immer wieder winkende Kinder und Jugendliche, die sich um Bonbons bemühten, die sich vermutlich nicht sonderlich positiv auf ihre Zahnhygiene auswirken dürften.

Aber diese Gedanken gehen jetzt fast zu weit.

Nach einer, aufgrund der komplizierten Stabilitätslage in einem Einbaum mit ungeübter Besatzung sehr kippeligen Fahrt durch Mangroven, erfrischten wir uns bei landestypischer Musik mit einer eisgekühlten, nicht landestypischen, Cola. Der Kreis schloss sich langsam.

Sehr interessant war auch noch die Gewinnung eines berauschenden Getränkes aus Kokospalmensaft, der direkt in den Baumkronen abgezapft wurde, ein wenig nach Federweißem schmeckte[1] und wenn eine gewisse Reife erreicht wurde, für einen ordentlichen Kater am nächsten Morgen sorgen sollte.

---

[1] Jawoll, ich war so mutig und habe probiert. Ich dachte: Für irgendwas mussten die vielen Impfungen doch nützlich sein, die ich über mich am Beginn meiner Seefahrerei ergehen lassen habe. Ich erfuhr später: Dafür auf alle Fälle nicht!

Auf der Rückfahrt beeindruckten mich die majestätisch dahinschreitenden gambischen Frauen, die erhobenen Kopfes[1] in farbenfroher Kleidung an uns vorbeipromenierten.

Fremdartig und mit gewisser Skepsis zu betrachten waren auch die Straßengeschäfte, in denen Waren wie lebende Ziegen, Obst, Geschirr, Polstermöbel und nagelneue Haushaltsgeräte (Kühlschränke, Waschmaschinen und Elektroherde) ausgestellt waren.

---

[1] Vermutlich positiv beeinflusst durch die Gegenstände, die oft frei balanciert auf dem Kopf transportiert wurden. Das soll auch bei der Ausbildung von Models eine gute Übung sein.

Überdeckt mit, von den ständig vorbeifahrenden Fahrzeugen aufgewirbeltem, erdbraunem Staub.

Gefolgt von einem großen Banner mit Glückwünschen zum Geburtstag des nicht gerade verehrten Präsidenten, der wohl das anvertraute Geld zum Ausbau seiner persönlichen Bleibe verwendet hatte.

So ein erster Eindruck. Nicht sehr vollständig, aber zum Nachdenken doch schon mal sehr anregend.

Der absolute Nullpunkt

Durch eine wohl politisch angespannte Situation konnten wir einen Ort der Reise nicht anfahren und der Kapitän entschied nach kurzem Kriegsrat mit den Nautikern: „Wir machen mal was ganz Besonderes".

Das Besondere war der wohl am seltensten angefahrene Punkt der Welt: Der absolute Nullpunkt!

Dort, wo sich der Nullmeridian mit dem Äquator schneidet, dort wo eigentlich nichts sein sollte, weil kein Land unter diesem Punkt liegt.

Aber es war etwas dort: Eine einsame Tonne[1] schwamm über dieser geografischen Rarität, verankert mit dem Grund über einer Wassertiefe von rund fünftausend Metern!

---

[1] Tonnen sind Seezeichen, die eine tonnenförmige Gestalt haben und nichts anderes zu tun, als gesehen zu werden. Sie heißen deshalb nicht „Seh"-zeichen, weil manche von Ihnen auch zu hören sind. Das sind dann die berühmten Heulbojen.

Auf unseren Fahrten wurden wir oft von lustigen Tierchen begleitet, die sich fluchtartig aus ihrem Lebensraum emporschnellen und dann mit Hilfe von silbrig scheinenden Flügeln hunderte von Metern über das Wasser fliegen. Deshalb sind es eben „Fliegende Fische".

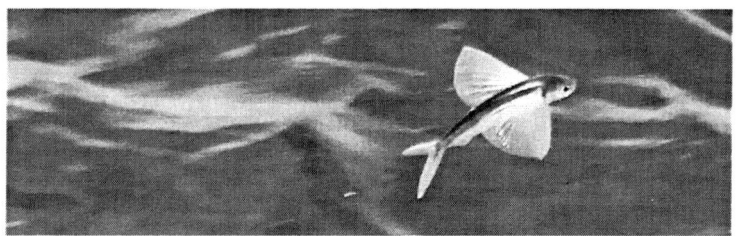

Schwierig zu fotografieren, weil sie von immer anderen Stellen starten während wir dahingleiten und aus über zehn Metern Höhe mit ihren circa zwanzig bis dreißig Zentimetern Länge nicht unbedingt zu den größten Fotozielen gehören. Aber ein paar dieser Gesellen habe ich doch festhalten können.

Nomen est non Omen

Es gibt in Afrika viele Gegenden, die sprechende Namen haben. So zum Beispiel die Walfish Bay, die schon meine Vorfreude auf außergewöhnliche Bilder von den begehrten Großsäugern aufkommen ließen. Doch leider waren dies wohl keine Omen, die sich von Nomen beeindrucken ließen, oder sie waren gerade im Urlaub in frischeren Gewässern. Ich werde es nie erfahren.

Dafür bekam ich wieder mal superschöne Bilder von einem typisch afrikanischen Sonnenuntergang.

Hmm, ich merke gerade, dass ich dieses Buch unbedingt noch einmal mit den Originalbildern in Farbe drucken lassen muss. Das geht ja gar nicht so ...

Endlich habe ich auch auf weniger emotionaler als physikalischer Ebene herausgefunden, weshalb die Sonnenuntergänge gerade hier so emotional sind. Es ist eigentlich total einfach, so ähnlich wie die Erklärung eines Regenbogens, aber immer wieder steht man dem Phänomen mit herunterhängendem Kiefer gegenüber.

Also: Morgens ist beim Sonnenuntergang noch alles in Ordnung. Da heißt der denn ja auch Sonnenaufgang. Aber im Laufe des Tages erhitzt sich eben das Land unter der heißen Sonne und macht nun das, was jeder kennt: Die Luft über dem Land fängt an zu flimmern und wenn man durch flimmernde Luft auf die tief stehende Sonne schaut, dann ist das eben nicht nur ein wunderschöner runder Ball sondern an den Rändern richtiggehend ausgefranst.

Einfach, oder? Aber schöööön!

Aufgeräumt

Schon am nächsten Tag erreichten wir eine Stadt mit dem merkwürdig afrikanischen Namen „Lüderitz". Eine gewisse Vorahnung, dass ich dort keine typische Landesbevölkerung treffen würde, wurde dann bestätigt.

Hier wird nach Diamanten gesucht. Zu Land und im Wasser. Und nur mit behördlicher Genehmigung. Wer einfach so mal suchen möchte, der wird hart bestraft. Ist klar. So funktioniert die Welt.

Und der Ort selbst hat mich sprachlos ob der Sauberkeit ringsherum gemacht. Obwohl ziemlich viel Wind ständig Sand über alles hinwegblies, hatte es den Anschein, als ob alle offenen Flächen mit einer Art Staubsauger ständig sauber gehalten wurden. Es war richtiggehend unwirklich anzusehen, eher wie eine kurz zuvor erbaute Filmkulisse.

Die Stadt am Kap der guten Hoffnung

Noch einen Tag später, und endlich auch mal in Begleitung einiger Wale, die Kapstadt wohl der Walfischbucht vorzogen, erreichten wir ein Ziel, auf das ich richtig neugierig war:

Kapstadt, die Stadt, mit der man den Süden Afrikas verbindet. Unbeschreiblich schön in der ganz frühen Morgenstunde. Noch ein wenig vom Nebel verhüllt, aber unverkennbar erkennbar durch den so berühmten Tafelberg. Es ist einfach atemberaubend, wenn man extra vor dem Wachwerden schon aus den Synthetik-Federn kriecht, um etwas Schönes zu erblicken und dann mit etwas dafür belohnt wird, das die Erwartungen dann sogar noch übertrifft.

Und genau dieses Gefühl ist es, das mir immer wieder sagt, wie schön es zwar ist, von diesen Momenten Fotos zu machen, aber die Gänsehaut in diesem Augenblick wird nirgendwo festgehalten.

Wie schön ist es, zu diesen Bildern noch die Erinnerung an diese Begegnungen hinzuzufügen und dann in Gedanken nochmal an diesem Ort, in dieser Stimmung zu schwelgen.

Der Berg ruft

Gleich am ersten Tag ging es auf einen ausgedehnten Crewausflug durch die Stadt und auf den Tafelberg. Wir waren
gespannt, ob der Wettergott es gut mit uns meinte, denn
ab einer gewissen Windgeschwindigkeit fährt die Seilbahn
nicht mehr auf den begehrten Berg.

Doch dank meines irgendwie fast schon peinlich guten
Drahtes zu der Abteilung „Wettergestaltung", wo auch
immer die war, ging es für uns dann auf den Berg, den
ich schon so oft auf Bildern gesehen hatte. Das legendäre
„Tischtuch", eine flache Wolkendecke, die sich sehr häufig
über den Berg zieht und von unten zwar dramatisch gut
aussieht, einem oben auf dem Berg jedoch sämtliche Sicht
verdirbt, war wohl gerade in der Wäsche (oder hatte sich
ebenso der vorgenannten Abteilung zu fügen).

Der Ausflug setzte sich zusammen aus einer Fahrt durch
die Stadt, der Besteigung des Berges und Rückfahrt auf der
Rückseite des „Lion's Head" am Strand der Reichen und
Schönen vorbei. So hatte auch jeder Part seinen Reiz, doch
die merkwürdige Struktur eines Berges, der „oben ohne"
war, also ohne einen so bergtypischen Gipfel, war schon
ein tolles Erlebnis. Und dann die Sicht auf die Stadt.

Ein offener Mund allein reicht nicht aus, um den Eindruck gebührend zu würdigen. Das könnte ich gerne nochmal machen!

Waterfront

Auch die Waterfront, das Vorzeige-Viertel Kapstadts, konnte sich im wahrsten Sinne des Wortes sehen lassen. Hier findet eigentlich ein immerwährender Rummel statt. Zentral gelegen, die Gourmet- und Shoppingmeile „Victoria Wharf", wo man abends wirklich hervorragend speisen kann, mit Blick auf den Hafen und den Tafelberg. Ein begehrenswerter Ort, wenn man die allgemeinen Zustände in dieser Region zu ignorieren im Stande ist.

Im Hafenbecken gaben dann auch noch Delfine ungezwungen und freiwillig ihre Vorstellung.

Drei Tage in dieser Stadt, deren Hinterland allerdings als sehr gefährlich gilt. Bei einem Hubschrauberflug, den ich als unbedingt krönenden Abschluss bezeichne, konnte ich dann noch einen ungefährlichen Blick auf die in der Sonne glänzenden Wellblechbuden riskieren, um mir einen kleinen Eindruck über die tatsächlichen Ausmaße Kapstadts mit allen Facetten zu machen.

Unbedingt zu empfehlen, wenn man einmal in dieser Gegend ist.

Schon wieder London?

In dieser Stadt sind die drei Tage verdammt schnell ver-
strichen. Es wurde Zeit zum Aufbruch, daher machten wir
wieder einen Riesentörn und erreichten nach drei See-
tagen die Stadt „East London". Ich war mittlerweile daran
gewöhnt, dass hier in Afrika viele merkwürdige Namen, die
eigentlich überhaupt nicht zu diesem Land passten, auf-
tauchten.

Aufgeräumt, bunt, mit schönem Strand, jedoch ohne größe-
ren Zwang für mich, hier mal an Land zu gehen.

Auch die Städte Durban, Richards Bay, Port Elizabeth und
Mossel Bay inspizierte ich nur mit meinem Tele. Ich hatte
wohl den Kopf noch voller schöner Eindrücke, die durch
diese Orte kaum hätten übertrumpft werden können.

Einen kleinen Unterschied bildete Port Elizabeth, von wo
aus wir, mal wieder als Crewausflug, eine „Safari" in den
Addo Naturpark starteten. Nicht ganz stilecht und mit dem
Bus statt eines Rovers, aber wilde Tiere mal aus der Nähe
in ihrer wirklichen Umgebung zu erleben, war trotzdem ein
passendes Event in Afrika.

Nichts richtig Gefährliches, aber Elefanten, Gnus, Zebras,
Antilopen, Warzenschweine und noch einiges, was nicht zu
den Raubtieren zählt.

Die Könige der Savanne hatten wohl gerade „Drehpause".

Flug-Lotse

Und noch ein kleines Highlight in Richards Bay: Hier kamen die Lotsen nicht mit dem Lotsen-Boot an Bord, sondern ließen sich in wagemutiger Manier vom Helikopter abseilen.

Nicht alltäglich[1] für uns und deshalb natürlich eine willkommene Abwechslung.

---

[1] Ich entschuldige mich an dieser Stelle ausdrücklich für den Begriff „Alltäglich", da unser gesamtes Bordleben für einen Landbewohner eigentlich alles andere als eben „Alltäglich" ist. Aber so ist es: Der Mensch gewöhnt sich viel zu schnell an jegliche Gegebenheiten im Leben. Egal, ob Gut oder Schlecht.

Full-Service

Damit diese Abwechslungen nicht aufhörten, fuhren
wir nun einen kleinen Hopser zur wunderschönen Insel
Mauritius.

Ich musste nicht unbedingt im Besitz der bekanntesten
Briefmarke der Welt sein, um mich hier wohlzufühlen. Eine
farbenfrohe Tänzergruppe begrüßte uns am Liegeplatz
und jede Menge Taxis warteten auf die inselhungrigen
Besucher.

Wenn man die Begriffe „Mauritius" und „Taxi" hört, denkt
man unweigerlich an ein teures Vergnügen, dem man
gerade in die Arme läuft. Aber ganz im Gegenteil: Wir mie-
teten eine „Privatlimousine" mit Chauffeur für sagenhafte
fünfzig Euro. Und dafür bekamen wir fünfeinhalb Stunden
Sightseeing mit Anfahrt der schönsten Strände und Orte
der Insel. Dazu Tipps vom Insider und eine Visitenkarte
vom Fahrer, mit der wir bei Bedarf vom Mieten von Ferien-
wohnungen bis zur Ausrichtung einer Hochzeit alles von
ihm bekommen können. Das ist Full-Service!

Frohe Weihnachten

Zweimal schon hatte ich das Fest der Feste fernab von meiner Familie auf See verbracht. Dieses Mal wurde mir hoch und heilig (so wie das Fest) von der Reederei versprochen, dass ich rechtzeitig zu Hause sein werde, um die Aufgabe zu den Festtagen zu übernehmen, die von mir gewünscht, erwartet und auch liebend gern durchgeführt wird. NEIN, nicht den Weihnachtsmann spielen. Es geht um die Verführung der zu Besuch erscheinenden Verwandten, die am zweiten Weihnachtstag, der zusätzlich noch auf den Geburtstag unseres Sohnes fällt, von einer antrainierten Leidenschaft bei uns den Weihnachtsbraten niedermetzeln möchte.

Eine meiner Leidenschaften ist es, gerne und für ein größere Anzahl von hungrigen Mäulern zu kochen. Ein Alptraum für manche Hausfrau, aber jeder hat wohl so seine eigene Art, um sich das Leben irgendwie schwer zu machen. Zu diesem Zweck wird meistens ein Tier, das im Englischen merkwürdigerweise genauso wie ein Land heißt, mit einem beträchtlichen Gewicht, das dieses guggelnde (ist so schon richtig geschrieben) Geschöpft am Fliegen hindert, von einem Händler höchsten Vertrauens erworben.

Wer zufälligerweise den Sketch von Mr. Bean kennt, der sich dieses Wesen dann über den Kopf stülpt: Nein, so intim werde ich dann doch nicht!

Dann werden die Vorbereitungen für die Stationierung im Backofen getroffen, die den Koloss später innen saftig und außen knusprig werden lässt.

Meine Ablösung löst mich nicht rechtzeitig ab

Kurz und gut, diese Aufgabe inklusive der Bearbeitung der Beilagen wurde mir durch die Mitteilung: „Der Nachfolger wird erst Anfang Dezember an Bord sein und muss dann natürlich in sein Aufgabengebiet eingearbeitet werden!" verweigert!

Die Einarbeitung bei solch einer Tätigkeit beträgt in der Regel etwa vier Wochen! Das ist, im Anbetracht des wirklich umfangreichen Aufgabengebietes, eigentlich kein langer Zeitraum, aber Jesus musste dieses Mal wieder ohne mich auf die Welt kommen.

Das war für mich dann doch ein ernsthafter Grund, darüber nachzudenken, ob dieses Schiff in Zukunft auch ohne meine Hilfe auskommen konnte. Da es vorher ja auch möglich war, machte sich daher ein neuer Horizont für mich auf. Nicht so leicht zu sehen, wie die vielen Horizonte, die ich mit Morgensonne, Abendsonne, ohne Sonne und wie auch immer gesehen und fotografisch festgehalten hatte.

Dieses war der Beigeschmack, den Mauritius zwar angenehm mildern konnte, aber irgendwo in mir drinnen kam ein Gefühl von Heimweh auf, das den Nebenbuhler Fernweh arg in die Ecke drängte.

Von meiner Blutgruppe[1] her bin ich eben ein Nomade, der gerne sesshaft ist!

Und diese innere Unruhe schlich sich auch langsam in die Physik meines Körpers ein, der eigentlich immer ganz gut mit meinem Kopf kommunizierte. Und wieder mal wurde der Ausdruck „Der Fisch stinkt vom Kopfe" auf merkwürdige Weise wohl meinem Sternzeichen gerecht und wenn man das „Stinken" nicht ganz so wörtlich nimmt, dann beschreibt das schon ganz gut die Situation, in der ich mich zu dieser Zeit befunden habe.

---

[1] Im meinem (noch nicht erschienenen) Buch „Die vierte der drei Gruppen" wird das näher erläutert werden.

Aloha Heja He

Dazu kam noch der Umstand, dass ich mich auch ganz gehörig um meinen Nachfolger kümmern, und deswegen eben nicht nur meiner gewohnten Arbeit nachgehen konnte, sondern immer noch meinem „Klotz am Bein" alles ausführlich erklären musste.

Das sorgte in diesem schon ein wenig paradiesisch anmutenden Umfeld dafür, dass ich kaum noch an Land kam.

Ein Highlight war jedoch Nosy Be. Das ist eine Insel an der nördlichen Spitze Madagaskars, nicht weit von dem legendären Sansibar, von dem Achim Reichel in seinem Song „Aloha Heja He" gesungen hat. Es war garantiert Nosy Be, das er damit gemeint hat.

Dieses Lied drängte sich einfach auf, als Dutzende von Booten auf unser Schiff zukamen, mit den Bewohnern dieser Insel, Väter, Mütter, Kinder, die Boote überhäuft mit Früchten und allen möglichen Handelswaren, die zum Tausch gegen Geld und Kleidung angeboten wurden. Bewegend und auf eine unbeschreibliche Weise der Weltentrückt.

Ich habe jedoch niemanden „Aloha" rufen hören, was mich ehrlich gesagt auch ziemlich verwundert hätte, da diese liebenswerte Begrüßung eigentlich aus Hawaï kommt, was bei etwa 17.000 Kilometern Entfernung mit diesen Booten wohl nicht erreichbar ist. Achim, da ist was faul ...

Everything you need you can get

In Sansibar selbst hatte ich eine Erfahrung einer ganz anderen Art. Für die Reparatur einer Maschine benötigte ich ein paar kleine Bauteile. Das war etwas, was in unserer „zivilisierten" Welt nichts Außergewöhnliches, jedoch hier in Afrika wohl kaum auf normalem Weg zu bekommen war.

In jedem Hafen haben wir ja nun einen Agenten, der sich eben in der Umgebung auskennt und bemüht war, alles, was für den Betrieb eines Schiffes notwendig war, zu beschaffen.

Und auf meine, wohl in diesem Moment auch sehr zweifelnde Frage, ob es denn wohl möglich wäre, so etwas hier zu bekommen, da nickte er nur freudig und schob mich in sein Auto, das mich beim ersten Betrachten doch sehr an die Reinkarnation unserer Abwrackprämien-Opfer erinnerte.

Ich war geimpft, was sollte mir passieren?

Wir fuhren durch Straßenmärkte, die sich entlang der Fahrbahnen säumten, kamen an Häusern vorbei, die wohl deshalb nicht umfielen, weil sie nicht wussten, wohin und voller Stolz hielt mein strahlender Chauffeur vor einer Tür in einem unscheinbaren Gebäude. In und hinter dieser Tür drängten sich ein paar Sansibaraner im ca. zwei Quadratmeter großen „Verkaufsraum". Als ich dann an der Reihe war, erklärte ich in flüssigem Pidgin-Englisch meinem Gegenüber, was ich benötige. Er verschwand, kam mit den Original-Teilen in Original-Verpackung wieder zum Vorschein und entließ einen über alle Maßen verblüfften Elektroniker.

Ich bin mir heute nicht mehr sicher, ob ich die Sachen hier so schnell und kompetent erhalten hätte!

Entwicklungsland? Never!!!

Obwohl: Wenn ich die Methoden beobachtete, mit denen tonnenweise Ladung an Bord gebracht wurde, dann kamen mir doch Zweifel an der durchgängigen Entwicklung. Ein simples Holzbrett auf ein paar Paletten gelegt und dann, ohne Netz und doppelten Boden, die Waren von Hand an Bord gerutscht. Dass da nichts daneben ging, war wohl nur der permanenten Übung zuzuschreiben.

Das war Mombasa. Von dieser Stadt habe aus dem vorher beschriebenen Zeitmangel nur ein paar schnelle Schnappschüsse vom Schiff aus machen können. Schade, es wären bestimmt noch einige beeindruckende Motive zu sehen gewesen.

Aufbruch ins neue Jahr

Es war die Nacht vom 31.12.2012 zum 1.1.2013. Silvester.

Es war mein letzter Jahreswechsel an Bord der MS Deutschland, dessen war ich mir jetzt bewusst.

Und trotz der familiären Atmosphäre an Bord und der atemberaubenden Eindrücke, die man bei Reisen um die Welt sammeln kann, war doch die Vorfreude auf das Verarbeiten des Erlebten groß.

Ich wollte ein Buch schreiben. Von dem, was ich erlebte und davon wie ich es erlebte.

Es ist meine Sicht auf eine Zeit voller Impressionen, Freude, Wehmut, Fernweh, Heimweh und das Hinterfragen einer vollkommenen Welt. Einer Welt, wie man sie nur aus dem Fernsehen kennt. Aber dort ist alles irgendwie verfremdet und spiegelt nicht das wieder, was man auch wirklich erlebt.

Ich kam mir vor wie Leo auf der Titanic in der dritten Klasse, der manchmal in die Welt der Reichen entrückte. Die Welt, die man nur mit Geld kaufen kann. Eine Welt der falschen Werte, die immer nur für Zwietracht und Krieg gesorgt haben und sorgen werden.

So, oder ähnlich sind wohl die Gedanken bei vielen, die relativ beschaulich in ein neues Jahr gehen und sich wünschen, irgendetwas bewegen zu können.

Zurück zum Schiff, zurück zu den Menschen, die mich einen wesentlichen Teil meiner Zeit an Bord begleitet haben.

Es sind diejenigen, die einem Schiff überhaupt erst Leben einhauchen. Sie unterscheiden sich jedoch von den Sagengestalten, aus deren Geschichten Seemannsgarn gesponnen wird.

Auch hier gibt es „normale" Berufe, die eben ein wenig flexibler mit ihrer Umgebung umgehen. Auf einem Schiff ist man, solange man an Bord ist, immer greifbar. Das ist ein gravierender Unterschied zum Leben an Land.

Und um einen Teil dieser Crew ein wenig besser kennenzulernen, stelle ich die Seele der MS Deutschland einfach mal vor:

Die Besetzungsliste

Weil ein Schiff ja nun mal besetzt werden muss, so heißen dann auch die Darsteller hier an Bord „Besatzung" – oder, mal wieder auf neuhochdeutsch „Crew".

Und im Gegensatz zu den meisten Firmen an Land, in denen man sich meist nur während der wirklichen Arbeitszeiten sieht, hockt man an Bord ziemlich dicht auf einem Haufen. Da wird schon mal der ein oder andere Charakter sichtbar, den man auf den ersten Blick eigentlich als unauffällig eingestuft hat.

Ein gemeinsamer Charakterzug ist allerdings ein kleiner Hauch von Wahnsinn. Oder wem das zu drastisch ist: Man muss eigentlich schon ziemlich aus der Spur sein, um sich freiwillig dem sozialen Leben an Land zu entziehen und monatelang in einer Kammer, die nicht größer ist, als ein kleiner Wohnwagen, Unterschlupf in der „großen Freiheit" sucht. Und für die meisten an Bord heißt es sogar noch: Teile deine sowieso viel zu kleine Kammer am besten mit jemandem, den du noch nicht kennst. So ein wenig Landschulheim für Erwachsene.

So steht die Abenteuerlust, das Fernweh und das Gefühl, von irgendwo auszubrechen, dem Bewusstsein, in einem, noch nicht mal goldenen, Käfig zu leben, gegenüber.

Unter diesen Voraussetzungen entstehen manchmal Wesenszüge, die schon in legendären Piratenromanen für Erstaunen gesorgt haben.

Sie sind also mitten unter uns, die Seeleute und – innen. Nicht immer in der abenteuerlichen Funktion, wie viele das aus eben jenen Büchern kennen.

Sie kämpfen sich nicht durch die tosende See um im letzten Moment dann alles noch vor dem Entreißen durch die Gewalten der Natur zu retten. Jedenfalls nicht im Normalfall.

Da sind die Nautiker, die Mechaniker und Handwerker, die Matrosen und auf einem Kreuzfahrtschiff eben das Hotel-

personal, das den Service in allen Bereichen leistet, um
es den Gästen gut gehen zu lassen. Nicht zu vergessen
dann noch die Künstler, die sich ebenso wie der Rest der
Mannschaft, meist über eine längere Zeit auf dem Schiff
aufhalten.

Und so kommt im Schnitt auf zwei Paxe ein Crewmitglied.

Hört sich viel an? Ist es auch, denn alle, die an Bord arbeiten, möchten natürlich auch von dieser Arbeit leben.

Ich möchte jetzt einfach mal einige dieser Gestalten aus
der geschützten Einsamkeit ihres Kammersutras ans Tages-
licht bringen. Dabei sind zufällige Ähnlichkeiten mit lebenden Personen beabsichtigt und wenn sich hier jemand
wiedererkennt, dann würde es mich freuen, ihn (oder sie)
treffend beschrieben zu haben.

Es ist noch zu sagen, dass die meisten Funktionen immer
abwechselnd von zwei unterschiedlichen Menschen besetzt
werden, denn selbst bei noch so langen Fahrten ist niemand das komplette Jahr an Bord.

Der Elektroniker

Der Esel nennt sich immer zuerst? Falsch. Als ich an Bord
kam, war natürlich mein anderes ich schon da und deshalb
ist der Esel hiermit aus dem Spiel.

Wie muss man drauf sein, um sich von einer gemächlichen
Landarbeit mit überschaubaren Bereichen den vielfältigen
Aufgaben an Bord eines Schiffes mit dem Hinweis „das
macht der Elektroniker" zu widmen?

Der Antrieb, diesen Job anzugehen, liegt wohl in der selbst-
gefälligen Überheblichkeit, mit allen Maschinen, die Menschen gebaut haben um das zu erledigen, was ohne diese
Maschinen gar nicht erledigt werden müsste[1], fertig zu
werden.

---

[1] Jeder, der mit Computern zu tun hat, kennt wohl diese Aussage.

Diese Überheblichkeit verfliegt dann schnell, wenn man an Bord der Flut von eben diesen Maschinen gegenübersteht, die natürlicherweise eine ganz andere Meinung über ihre Daseinsberechtigung haben. Und diese Maschinen scheinen, trotz oft betagter Bauart, einen eigenen Sinn für künstliche Intelligenz entwickelt zu haben. Ein besonderer Spaß dieser Biester besteht darin, zu besonders sensiblen Anlässen diesen eben erwähnten Geist auszuhauchen.

Gerne suchen sie sich dann ein Symptom aus, dessen Ursache nur mit Teilen behoben werden kann, die sich dem wirklich reichen Angebot an Transplantationsobjekten im Lager entziehen.

Diese Verhaltensmuster haben uns deshalb zu einer Art „Ghostbuster" mutieren lassen, immer noch auf der Suche nach dem Übersinnlichen, wenn alle üblichen Methoden der Behandlung nicht mehr anschlagen.

Und eine pädagogische Fähigkeit ist von Nöten, um den Benutzern dieser diabolischen Endprodukte zu helfen, mit den ihnen entgleitenden Sorgenkindern wieder ins Reine zu kommen.

Durch die Verteilung unserer Spielwiese über das komplette Schiff sind wir dann auch den ganzen Tag in Bewegung und sollten sportlich auf einem unerhörten Höhepunkt sein, doch das gut gemeinte Bordessen und kleine Helferlein, die einem in den Abendstunden die trockene Bordluft etwas angenehmer machen, sorgen dafür, dass man nicht vom Fleisch fällt.

Alles in Allem kann ich jetzt gut den Spruch: „Man wächst mit den Aufgaben" verstehen. Mein Bauchumfang ist ein messbarer Beweis für die Richtigkeit dieser These.

Die Elektriker

Im Gegensatz zum eben beschriebenen Einzelgänger gibt es die Elektriker im Doppelpack. Damit sich diese merken können, wer für was zuständig ist, nennen sie sich dann auch erster und zweiter Elektriker.

Derjenige, der zuerst am Tatort erscheint, ist meist der Zweite, da der Erste erst Tätig wird, wenn der Zweite den Ersten zu Hilfe ruft.

Außerdem erledigt der Erste meist den Schreibkram, den der Zweite verursacht.

Für diesen Job ist es notwendig, Schiffselektrik gelernt oder studiert zu haben. Und auch hier gibt es einen gleitenden Übergang, wo sich neue, früher nur elektrische, jetzt aber auch mit dem Makel der Elektronik durchzogene Geräte in das Milieu schleichen. Dann schließt sich der Kreis, wo wir dann alle gemeinsam an einem Strick, der auf einem Schiff allerdings Leine heißt, ziehen und damit das Problem aus dem Dreck.

Die beiden Zweiten sind eher von kleiner Statur, sehr emsig unterwegs und werden oft von Hilferufen in späten Abend-stunden gestört, die entstehen, wenn Lifte das Liften auf-geben und die darin eingesperrten Ungelifteten das rote Knöpfchen betätigen.

Warum Fahrstühle sich allerdings oft in den Nachtstunden überlegen, dass Treppensteigen besser für die Gesundheit der Inhaftierten wäre, kann meiner Meinung nach nur an der übersteigerten Angst dieser Gefährte vor der Dunkel-heit oder das über den Tag angesammelte Gewicht der Gefahrenen liegen. Wenn jemand eine bessere Theorie hat, dann wäre ich für die erlösende Auskunft sehr dankbar.

Der erste Zweite ist eher ruhig, verhaltensunauffällig und geht ganz selten an Land. Die Arbeiten werden wie durch Zauberhand nahezu unbemerkt erledigt. Ein guter Geist, der stets zugegen ist, wenn Hilfe gebraucht wird oder Fra-

gen nach versteckten Dingen, die nur ein langjährig einge-
weihter ohne Wünschelrute orten kann.

Der zweite Zweite ist da schon etwas hibbeliger, erscheint
schon mal mit dem Ausruf „Polizei, Polizei" am Tatort und
ist Landgängen nicht abgeneigt. Jede Art von Schabernack
ist sein Element, eine schöne Abwechslung unter manch
lethargisch daherblickendem Mitbewohner dieses Heims.

Der erste Erste hat sich nach vielen Jahren jetzt den ersehnten Ruhestand erarbeitet. Sein „Mann, Mann, Mann" wird
jedoch noch lange zum allgemeinen Ausruf der Unbill über
so manche Geschehen an Bord sein. Eine Skandinavische
Auto- und hanseatische Biermarke werden jedoch wohl
weiterhin fester Bestandteil seiner Lebensweise bleiben.

Der zweite Erste ist eher groß von Gestalt und da er den
Reißverschluss seines Overalls genau so hoch zieht, wie
der kleinere erste Erste, endet dieser Schließvorgang dann,
bei gleicher Höhe vom Fußboden, eben in Bauchnabel-
höhe. Der stilvoll enthaarte Scheitel ergänzt dann das
imposante Erscheinungsbild.

Eine besondere Freude ist es, den zweiten Ersten gemeinsam mit dem zweiten Zweiten in freier Wildbahn zu beobachten. Eine gewisse Ähnlichkeit
kann dann mit einem aus den zwanziger Jahren und Stummfilm bekannten Pärchen nicht
geleugnet werden.

Wer muss, der muss

Nun ist ja auch auf einem Schiff mal der Zeitpunkt gekommen, an dem die mühselig zu sich genommene Nahrung mal wieder Platz für Neues machen muss. Dafür gibt es, ähnlich der saugenden Örtlichkeiten in Flugzeugen, auch hier Etablissements, die für das Wohlbefinden nach dem Schlemmermahl sorgen.

Ganz wichtig: Nur was den Magen-Darm-Trakt passiert hat, sollte hier dann auch entsorgt werden. Vielleicht ausnahmsweise noch die Opfergaben an Neptun, die ihm über diese abstrakte Form überbracht werden. Und ein spezielles Papier, welches sich fast schon beim Gebrauch zersetzt.

Kurz und gut: Wenn hier was reinkommt, was nicht mehr rauskommt, dann gibt es einen Mann an Bord, der für diese delikaten Aufgaben ein lockerndes Händchen besitzt. Dieser Job ist bestimmt nicht genau der, bei dem ich in einer Bewerbungsschlange laut „hier" rufen würde.

Was gegessen wird, ist auch heiß

Und genau dafür, dass der Nachschub ordnungsgemäß zubereitet werden kann, mit den unzähligen Maschinen in den verschiedenen Bordküchen, ist wieder ein anderer zuständig, der Gastro-Techniker. Ausnahme sind die Kaffeemaschinen, die dann doch heutzutage mit immens viel Elektronik gespickt sind. Die macht dann wieder der Elektroniker.

Klima ist prima

Auf einem Schiff ist man den unterschiedlichsten Wetter-
bedingungen ausgesetzt. Meistens hält sich ein Kreuzfahrtschiff aber gerne in warmen und noch wärmeren Gegenden
auf. Und hier tritt der Klimatechniker auf die Wärme-
bremse. Unendliche Kanäle an Bord versorgen unendlich
viele Räume mit unendlich viel Frischluft, die für jeden
individuell eingestellt werden kann.

Dann kann das Betriebsklima buchstäblich mal ganz schön
ins Schwitzen kommen, wenn die Anlagen nicht mehr das
tun, was von Ihnen gefordert wird.

Klopf auf Holz

Auch auf einem Stahlschiff gibt es jede Menge Holz. Und
dieses muss repariert, gewartet und erneuert werden.
Diese Arbeit erledigt der Schiffszimmermann. Eine Quoten-
frau habe ich bisher bei diesem Job noch nirgends gesehen.

In ganz besonderen Filmen über diese Zunft wird auch
schon mal gezeigt, dass für den Käpt'n, der ein missglück-
tes Date mit einem Meeresungeheuer hatte, ein Fleisch-
gegen ein Holzbein getauscht wurde. Womit wir dem ersten
Satz dieses Buches endlich mal vollen Respekt zollen.

Und aus alter Tradition ist er auch bei den Ankermanövern
und beim Anlegen mit auf der Back. Eine Arbeit, die mit
dem Bearbeiten von Holz ja nun eigentlich nicht wirklich
etwas zu tun hat, aber sie sorgt dafür, dass der Zimmer-
mann immer als einer der Ersten die neuen Welten sieht,
die erreicht werden.

Der Chief und die leitenden Ingenieure

Wenn es um den Zusammenhang zwischen Maschine und Führung des Schiffes geht, dann werden die Technischen Offiziere benötigt. Bei ihnen geht es um den Sachverstand, jederzeit einen Gesamtüberblick über die Maschinenanlage und alle Aggregate, die zum Betrieb eines Schiffes gehören, zu behalten.

Und wer sich schon mal näher mit den Eingeweiden eines Ozeanriesen beschäftigt hat, der kann sich ein vages Bild davon machen, was das bedeuten kann.

Allen zuoberst gibt es den Chef der Bande, deshalb auch einfach „Chief" genannt. Bei ihm sammeln sich alle Fäden, die gesponnen, verloren oder einfach verfolgt werden und aus dem entstehenden Knäuel entwickelt sich dann die Grundlage, warum ein Schiff überhaupt in See stechen kann.

Leider kommt durch diese nahezu unüberschaubare Aufgabenvielfalt, die im Allgemeinen vom MKR[1] aus überwacht und gesteuert wird und mittels gezielten Arbeitsanweisungen an die Schiffsmechaniker bewältigt wird, ein kleiner Anflug von Hochmut gegenüber einer in den höher angesiedelten Decks residierenden Crewgattung:

---

[1] Na, lieber noch mal nachschlagen oder gut aufgepasst?

Die Nautiker

Dieses zahlenmäßig eher klein gehaltene Häufchen sorgt, wenn man von der Meinung der vorgenannten Gruppe mal absieht, dafür, dass der komplexe Apparat eines Kreuzfahrtschiffes sicher von A nach B kommt. Oder auch mal umgekehrt, wenn das Wetter nicht mitspielt.

Hier werden Entscheidungen über die Routen und Schiffssicherheit gefällt, das Schiff über die nahezu unendlichen balkenlosen Seewege gesteuert, administrative Papierkriege mit See-Behörden gefochten und zu gegebener Zeit auch mal hochpolitische Entscheidungen bei Kaffee, Tee und Törtchen gefällt.

Diese speziell auf die Seefahrt abgerichtete Spezies ist wohl die elitäre Lebensform, die von den allgemeinen Landratten am meisten angehimmelt wird.

Es unterscheiden sich hier die Tätigkeitsgruppen nach: Die Brückenoffiziere

• Nautischer Offizier, der auch „das Besteck nimmt"[1]

• Sicherheitsoffizier

• Kommunikationsoffizier

„Über sieben Brücken muss man geh'n."

Dieses hoch „Karätige" Lied hat nichts mit dem mühsamen Job zu tun, den die verantwortungsvoll agierenden Wegfinder, Sicherheitsfanatiker und Verbindungsoffiziere tagtäglich rund um die Uhr verrichten.

Von „eigentlich stehen die nur rum und schauen aus dem Fenster" bis „mitten in der Nacht mit klaren Augen über

---

[1] Nein, diese Berufsgruppe stiehlt kein Silber. Neben dem gemeinen Essbesteck gibt es auch eines für Aufschneider (Chirurgen) und eben eins für die Seefahrer, die damit Löcher in Karten pieksen und mit Kursdreiecken auf einer schnittmusterähnlichen Seekarte herumrutschen. Es ist also die Standortbestimmung des Schiffes in der Seemannssprache gemeint.

uns wachen" gibt es eigentlich alle Meinungen. Mann (und Frau) kann es einfach nicht jedem recht machen.

Es gibt dort nummerierte Gestalten – vom „Ersten" bis zum „Dritten", wobei der „Dritte" das erste ist, was man hier nach der Nautiker-Ausbildung wird. Und kenntlich gemacht wird dieses durch Streifen am Ärmel, den so genannten „Kolbenringen". Wobei jetzt mal wieder ein Streifen für den „Dritten" bis hin zu drei Streifen für den „Ersten" vergeben werden. Logisch – oder?

Gekrönt werden diese von einem Stern, da man im Volksglauben davon ausgeht, dass die Position eines Schiffes auch heute noch nach der Stellung der Sterne bestimmt wird.

Dies kann man im Prinzip zwar machen, es wird aber nur noch zu Übungszwecken praktiziert und ergibt manchmal seltsame Positionen, die einen erahnen lassen, weshalb die moderne Technik die Sterndeuterei abgelöst hat. Die Sextanten sind deshalb in einem staubsicheren Verließ untergebracht und deren Bezeichnung lässt wohl eher die Assoziation von verruchten Damen der horizontalen Gesinnung als von Instrumenten zur Bestimmung des aktuellen Schiffsortes aufkommen.

Allen Offizieren gemein ist die Einteilung in so genannte „Wachen". Mann (und Frau) wacht über das Schiff und dieses zwei Mal am Tag jeweils für vier Stunden.
Demjenigen, der dann die „Wache gehen" muss, wünscht man „Gute Wache", dem Entronnenen „Gute Ruh".

Früher wurden diese Wachen durch Glockenschläge begleitet, die man als „Glasen"[1] bezeichnete. Die Zeit zwischen

---

[1] Aus Wikipedia: Die Bezeichnung Glasen für die Zeitrechnung auf Seeschiffen leitet sich von den gläsernen Sanduhren (Stundenglas) her, die vor der Erfindung des Chronometers zur Zeitbestimmung an Bord dienten. Dabei handelte es sich um ein Halbstundenglas und ein Vierstundenglas. Das Ablaufen und Umdrehen des Halbstundenglases wurde durch Anschlagen der Schiffsglocke angezeigt, wobei die Anzahl der Schläge gleich der Häufigkeit des Umwendens war. Diese Zählweise ging bis acht, also entsprechend einer Wache und begann dann erneut mit dem Wenden des Vierstundenglases.

diesen Wachen hatte man frei – deshalb heißt das, endlich mal logisch abgeleitet, „Freiwache".

Romantische Adern werden wohl jedem Seemann zugestanden. Egal, ob diese tatsächlich vorhanden sind oder mit einem Gemisch aus Blut und destilliertem Rohrzucker gefüllt sind.

Es gibt tatsächlich keinen definierten Typ, den dieser Job geformt hat. Ganz im Gegenteil, jeder prägt eben diese Aufgabe mit seinem eigenen Ego. Und obwohl eigentlich alle diese Menschen einen ähnlichen Werdegang absolviert haben, sind sie doch menschlich eine bunt gemischte Truppe, deren Charaktere ich gerne einmal näher beleuchten möchte.

Der Dichter

Nicht alle Seemänner beschäftigen sich mit Rum-Reicher Ausgleichstätigkeit. Es gibt natürlich auch die immer nüchternen, aber eben von der Muse trunkenen Gesellen, die die vielfältigen Geschehnisse dieses wirklich bunten Berufes in Worte fassen und der Umwelt im gediegenen Versmaß Kund tun. Ein mir sehr lieb gewordener Philatelist und -nthrop wusste für jede seiner Lebenslagen ein Gedicht zur Bewältigung des Erlebten zu verfassen und dem geduldigen Publikum zu Gehör zu bringen. Jetzt beschäftigt er sich hauptberuflich mit dem Rentnerdasein.

Ein ungeheures Wissen über die besuchten Gebiete dieser Welt mit der Kenntnis jeder Poststation selbst in Orten mit manchmal unaussprechlichen Namen, machen ihn zu einem gern gefragten Kenner und er wäre bei einer sehr bekannten Quizsendung sicher mein Favorit in Sachen Geographie!

Die eben angeführten unaussprechlichen Ortsnamen kann man allerdings auch manchmal seinem Dialekt in die Schuhe schieben, der aus so manchem „ch" ein „sch" erklingen ließ. So wurde die Frage: „Sag doch mal einen

Satz ohne ‚SCH'" mit der Antwort: „Wer, Isch?" sofort als unlösbare Aufgabe deklariert. Diese Dominanz in der Intonation schlich sich dann auch in die englische Version des von ihm Dargebotenen ein, ließ alle abrupt verstummen und wurde mit höchster Konzentration verfolgt, wenn die mittägliche Durchsage in sächsischem Deutsch und Englisch über die PA[1]-Anlage von ihm zelebriert wurde.

Seine größte Gabe war es, das schwache Geschlecht an Bord mit einer ganz besonderen Art von Unterhaltung in seinen Bann zu ziehen. Gewidmete Gedichte, kleine Pralinés und andere Aufmerksamkeiten verstärken diesen Effekt noch ganz erheblich.

Der Seemann ohne Bauch

Von Geburt an durch die seemännische Karriere seines Vaters geprägt, ließ er sich auf den Beruf ein, so wie es ein Filmedreher wohl nicht besser in Szene hätte setzen können.

Eigentlich immer ein wenig gegen alles, trutzt er den Gewalten, die um ihn herum eben dieses legendäre Bordleben ausmachen. Und dieses Trutzen scheint ihm den uns allen schnell zu wachsenden, aus der reichen Bord Trocken- und Nassverpflegung scheinbar mühelos erworbenen, kleinen Körpervorbau zu verwehren. Die reichliche Verwertung getrockneter und zerkrümelter Pflanzenblätter scheint ein Übriges dazu zu tun.

Deshalb erleben wir ihn auch immer agil, alternative Lebensweisheiten von sich gebend und scheinbar ruhelos diesem besonderen Alltag gegenüber stehend.

Ein sehr gewöhnungsbedürftiger Musikgeschmack lässt die bei ihm manchmal zu schreibenden Tests, veranlasst durch mangelhaftes Sicherheitswissen von einzelnen Crewmitgliedern, zu einer besonderen Art der Tortur werden.

---

[1] PA = Public Address, Übertragung von Durchsagen an ein größeres Publikum, also z. B. Gäste und / oder Crew auf einem Schiff

Der fehlende Bauch macht uns schon ein wenig neidisch, die daraus resultierende (oder dazu führende?) Unruhe lässt uns jedoch wieder zu unserer eigenen Philosophie stehen.

Der ruhige, immer fröhliche

Einen ganz besonderen Charme hat dieser Typ Nautiker. Es scheint, als ob keine Macht der Welt ihm auch nur irgendwie etwas anhaben könnte.

Ich habe ihn eigentlich noch nie so richtig über etwas schimpfen sehen und kann ihn mir deshalb auch in nicht allzu ferner Zukunft als den ersten Mann auf einem noblen Kreuzfahrtschiff vorstellen. Ich würde es ihm von Herzen wünschen und dann auch gerne auf solch einem Schiff eine Reise unternehmen.

Der „kleine Käpt'n"

Ich nenne „ihn" einfach mal so, weil es erstens eine „Sie" und zweitens eine zierliche Gestalt ist, die sich ohne Ellenbogen einen festen Status in der Männerdomäne erobert hat.

Ich habe selten eine so liebenswerte Persönlichkeit erlebt, die sämtliche Aufgaben, die es denn so auf der Brücke gibt, mit solch einer Selbstverständlichkeit und Ruhe ausführt, dass mir als Mann natürlich schon ein wenig bange ob unserer Vorherrschaft wird. Als eine der wenigen Nichtmänner auf See hat sie ein Kapitänspatent und sich, sehr zu Recht wie ich finde, als erste Frau eine Stellung als „Staffkapitän" auf einem deutschen Kreuzfahrtschiff erobert.

Da ich natürlich als „Hobbynautiker"[1] nur bedingt Zugang zu den Gesetzen in der christlichen Seefahrt besitze, sind

---

[1] Ja, auch ich bin dem Wasser zugetan und besitze den Sportbootführerschein „Binnen" und „Küste", die es mir gestatten, trockenen Fußes über das Wasser zu wandeln.

das allerdings meine persönlichen Eindrücke, die mir jedoch ein sehr wohliges Gefühl der Sicherheit geben, wenn ich daran denke, dass wir eben diesen Menschen auf der Brücke ja täglich unser Leben anvertrauen. Das wäre doch schon betrüblich, wenn man da statt der gelassenen Gesichtszüge etwa stressbedingte Schweißperlen auf deren Stirnen entdecken würde.

Die Schiffsführung

Der Kapitän

nimmt natürlich eine Sonderrolle auf dem Schiff ein. Er ist die höchste Instanz, entscheidet über Entscheidungen, personelle Fragen oder „Soll ich oder soll ich nicht" bei schwierigen Wetterverhältnissen.

Er hat das Schiff in fremden Ländern wie ein Staatsoberhaupt vor Monarchen, Regierungsmitgliedern und Stammesältesten zu vertreten. Hier sind Diplomatie und Sachkenntnis gefragt, denn wie schnell kann man in Ungnade fallen, wenn man die Etikette eines Landes aus Unwissenheit nicht beachtet.

Es gibt den Kapitänsempfang, bei dem jeder Gast mit Handschlag begrüßt wird, den Kapitänstisch, den sich die privilegierten Gäste als Höhepunkt der Reise in den silbernen Bilderrahmen stecken, Äquator- und Polarkreistaufen[1], Galabälle und andere wichtige Ereignisse, die den Viergestreiften fordern.

Schwierige Manöver, wie das An- und Ablegen oder Passieren von Schleusen, sind für ihn jedes Mal eine Gelegenheit zu zeigen, wer nun wirklich dieses Schiff in der Gewalt hat.

Dieses wichtigste Amt teilen sich zwei Männer, die unterschiedlicher nicht sein könnten:

Der eine, der „Alte", wie er respektvoll, aber in keinster Weise abwertend, genannt wird, kommt aus einer alten Seefahrerdynastie. Die Vorfahren sollen Piraten gewesen sein. Ein Mann, zu dem die Crew voller Achtung empor-

---

[1] Nein, hier wird eben nicht der Äquator oder der Polarkreis getauft, sondern die Unglücklichen, die für die Überquerung einer nicht zu sehenden virtuellen Linie einen toten Fisch küssen oder sich freiwillig Eiswürfel in verschiedene Öffnungen ihrer Kleidung kippen lassen. Damit die Angehörigen auch von dieser Peinlichkeit erfahren, gibt es dann auch noch ein Zertifikat über diese Tortur.

blickt und der natürlich trotzdem, da als Mensch geboren, sein Macken hat.

Markant, eigentlich immer fotogen, unbarmherzig gegenüber jedem, der „seinem" Schiff etwas antun will, ein warmherziger Seemann, im Herzen immer noch die Abenteuerlust eines Jugendlichen. Ich denke, es wird noch einiges über ihn zu lesen geben. Wenn, dann hätte ich gern ein Exemplar mit Widmung!

Der andere Kapitän, einige Jahre später auf das Schiff gekommen, ist von der Sache her lieber Seemann als Repräsentant einer schwimmenden Gemeinde.

Glamour hat für ihn eigentlich nichts mit der Seefahrt zu tun, ist nur ein notwendiges Übel, das eben mit dem Job hier an Bord erledigt werden muss.

Von der Crew wird er gerne gesehen und kümmert sich immer liebevoll um die Sorgen des Einzelnen, bis hinunter zum Tellerwäscher. Alle Mitglieder der Mannschaft sind eben auch für das Gesamte wichtig. Oder wer möchte schon von einem dreckigen Teller essen?

Ich weiß nur, dass ich eigentlich diesen Job nicht machen möchte. Es ist eine Gratwanderung zwischen Gefühlen, Gesetzen und Abenteuern und trotz der „overriding Authority"[1] ist man an Hunderte von Zwängen gebunden.

Ich ziehe voller Achtung vor diesen Beiden meine Bordkappe und möchte es um nichts in der Welt vermissen, dass ich während meiner Zeit hier an Bord Menschen wie diesen begegnet bin.

---

[1] Die Reederei hat das eigentliche Sagen über die Verwendung des Schiffes, der Kapitän kann jedoch, wenn es die Sachlage erfordert, die Anweisungen übergehen und ist somit die höchste Autorität an Bord.

Der Staffkapitän / Die Staffkapitänin

Er (oder sie) ist das „arme Schwein" an Bord, das den Papierkrieg für den ordnungsgemäßen Ablauf der Schiffsreisen erledigt. Er (oder sie) ist der Vertreter des Kapitäns und hat genau die gleiche Ausbildung und das entsprechende Patent. An Bord ist er (oder sie) in erster Linie für die Führung der gesamten Crew und den stets optimalen Zustand des Schiffes zuständig.

Die MS Deutschland hat als erstes, unter „Der kleine Käpt'n" nachzulesen, eine weibliche Staffkapitänin.

Hotelführung / Touristik / Service

Eine spezielle Gattung auf einem Kreuzfahrtschiff ist natürlich die Mannschaft, die sich um das Wohl der Gäste kümmert.

Die Berufe werden ähnlich ausgeführt, wie gleichbedeutende an Land. Nur auch hier kann niemand einfach mal so schnell „nach Hause" sondern ist für eine längere Zeit unter Vertrag. Diese Verträge sind dann auch keine Heuerverträge wie bei Seeleuten, jedoch müssen alle, die auf einem Schiff arbeiten, den Grundkurs „Basic Safety" absolvieren, da sie im Ernstfall unterstützende Funktionen übernehmen.

Und: Servieren Sie mal einen Berg Suppen bei Windstärke 10 ohne die Gäste zu beschädigen. Meine Hochachtung für diese Geschicklichkeit!

Die „interdisziplinäre" Arbeit zwischen den unterschiedlichen „Ständen" hat mir sehr viel Spaß gemacht. Gewisse Spannungen gegenüber der jeweils anderen Gruppe sind leider viel zu häufig aufgetreten. Wenn das hier schon nicht klappt, wie soll das denn einer ganzen Stadt, in einem ganzen Land, auf der ganzen Welt funktionieren?

Ich hoffe, ich konnte wenigstens einen kleinen Teil zur „Völkerverständigung" beitragen. Es war zumindest mein guter Vorsatz!

Fazit

Die Welt ist riiiiiesig groß. Groß genug für alle Menschen. Aber zu klein für die wenigen Habgierigen.

Und alles hängt irgendwie zusammen.

Mein Wunsch an die Evolution wäre, dass die Wertvorstellungen, nach denen gelebt wird, sich zu Gunsten einer glücklichen Menschheit ändern.

Aber Darwin würde dazu sagen: „Es überlebt nur der Stärkere, nicht der mit den besseren Absichten!"

Kurzum: Ich habe in relativ wenig Zeit ziemlich viel Welt gesehen, leider immer nur angekratzt, wofür ich allerdings auch nicht immer undankbar war.

Und ich habe mich immer wieder auf mein Zuhause gefreut.

Ich werde diese Zeit nie in meinem Leben vergessen und ich habe das wohlige Gefühl, dass ich einen Traum, den außer mir noch ganz viele tief im Inneren haben, leben durfte.

Jetzt bin ich wieder wach und kann mich an alles aus dem Traum erinnern.

Träumen Sie jetzt schön!

Dank

An meine Familie, die es ertragen hat, dass ich so lange nicht den Rasen mähen konnte und wenn ich dann da war, so viel von dem erzählt habe, als ich nicht da war.

An die komplette Crew, die mich trotz meiner manchmal launischen Allüren nicht über Bord geworfen hat.

An die ganz lieben Menschen, die ich an Bord kennenlernen durfte und die auch weiterhin zu meinem Freundeskreis gehören werden.

An Page Chichester und Holger Leue für tolle Tipps, abendliche Rotweine und tolle Fotos, die leider immer ein wenig besser sind als meine ...

An alle, die mir bis jetzt geholfen haben, dieses Buch auch auf den Markt zu bringen:

Rimi-Grafik und damx-design in Celle, Holger Leue, Hannes (Dr. Förster), Hans-Jürgen und Jutta, Klaus und alle, die beim Lesen über den ein oder anderen Fehler gestolpert sind und ehrlich genug waren, mir diesen mitzuteilen.

An Sie, die genügend Anstand haben und dieses Buch nicht sofort wieder dorthin zu bringen, wo Sie es gekauft haben!

Besuchte Traumorte

Aasiaat, Grönland
Aberdeen, Schottland
Acapulco, Mexiko
Addo Park, Südafrika
Alter do Chao, Brasilien
Amsterdam, Niederlande
Antwerpen, Niederlande
Apia, Samoa, Samoainseln
Arica, Chile
Auckland, Neuseeland
Baltiysk, Russland
Banjul, Gambia
Barcelona, Spanien
Bay of Islands, Neuseeland
Belem, Brasilien
Belfast, Irland
Bergen, Norwegen
Bora Bora, Franz.-Polynesien
Bornholm, Dänemark
Bremerhaven, Deutschland
Bridgetown, Barbados
Brindisi, Italien
Buenos Aires, Argentinien
Cabo Frio, Brasilien
Cabo San Lucas, Mexiko
Cadiz, Spanien
Cagliari, Sardinien
Callao, Peru
Cartagena, Kolumbien
Casablanca, Marokko
Catania, Sizilien
Civitavecchia, Italien
Coquimbo, Chile
Crotone, Italien

Cuxhaven, Deutschland
Danzig, Polen
Diego Suarez, Madagaskar
Douglas, Isle of Man
Drammen, Norwegen
Dublin, Irland
Dubrovnik, Kroatien
Dundee, Schottland
Dunedin, Neuseeland
Durban, Südafrika
East London, Südafrika
Edinburg, Rosyth, Schottland
Eidfjord, Norwegen
Ensenada, Mexiko
Esbjerg, Dänemark
Falmouth, Großbritannien
Flint Island, Kiribati
Fort-de-France, Martinique
Fortaleza, Brasilien
Funchal, Madeira, Portugal
General San Martin, Peru
Genua, Italien
Golfito, Costa Rica
Gorda Banks, Mexiko
Göteborg, Schweden
Guayaquil, Ecuador
Gythion, Griechenland
Hafnarfjördur, Island
Hamburg, Deutschland
Helgoland, Deutschland
Helsingborg, Schweden
Helsinki, Finnland
Hilo, Hawaii, Hawaii
Hobart, Tasmanien
Honningsvag, Norwegen
Honolulu, Hawaii

Hull, Großbritannien

Ilhabela, Brasilien

Ilhéus, Brasilien

Ilulissat, Grönland

Invergordon, Schottland

Iquique, Chile

Isle of Portland, Großbritannien

Istanbul, Türkei

Itajai, Brasilien

Jalta, Krim

Kangerlussuaq, Grönland

Kap Hoorn, Chile

Kapstadt, Südafrika

Katakolon, Griechenland

Kiel, Deutschland

Kirkwall, Orkney Inseln

Klaipeda, Litauen

Kopenhagen, Dänemark

Korfu, Griechenland

Kotor, Montenegro

La Digue, Seychellen

Lahaina, Maui, Hawaii

Le Port, La Reunion, Frankreich

Leith, Schottland

Leknes, Norwegen

Lerwick, Schottland

Limassol, Zypern

Lissabon, Portugal

List, Deutschland

London, Großbritannien

Loreto, Mexiko

Los Angeles, USA

Lüderitz, Namibia

Lyttelton, Neuseeland

Mahé, Seychellen

Malaga, Spanien

Mallorca, Spanien

Malmö, Schweden

Manaus, Brasilien

Manta, Ecuador

Manzanillo, Mexiko

Messina, Italien

Milford Sound, Neuseeland

Molde, Norwegen

Mombasa, Kenia

Monte Carlo, Monaco

Monemvasia, Griechenland

Montevideo, Uruguay

Moorea, Franz.-Polynesien

Mossel Bay, Südafrika

Mykonos, Griechenland

Napier, Neuseeland

Natal, Brasilien

Nauplia, Griechenland

Nawiliwili, Hawaii

Neapel, Italien

Necochea, Argentinien

Newcastle, Irland, GB

NOK, Deutschland

Nosy Be, Madagaskar

Nuku'alofa, Tonga

Nuuk, Grönland

Nyborg, Dänemark

Oban, Schottland

Odessa, Ukraine

Palermo, Italien

Palma, Mallorca, Spanien

Panamakanal, Panama

Paraty, Brasilien

Parintins, Brasilien

Piräus, Griechenland

Plymouth, Großbritannien

Port Elizabeth, Südafrika
Port Louis, Mauritius
Porto Grande, Kap Verde
Puerto Caldera, Costa Rica
Puerto Madryn, Argentinien
Puerto Montt, Chile
Puerto Quetzal, Guatemala
Puerto Vallarta, Mexiko
Punta Arenas, Chile
Puntarenas, Costa Rica
Raiatea, Franz.-Polynesien
Recife, Brasilien
Rethymno, Griechenland
Reykjavik, Island
Rhodos, Griechenland
Richards Bay, Südafrika
Riga, Lettland
Rio de Janeiro, Brasilien
Rio Grande, Brasilien
Rosario, Argentinien
Salaverry, Peru
Salvador da Bahia, Brasilien
San Francisco, USA
Santorin, Griechenland
Santos, Brasilien
Sao Tomé, Sao Tomé
Sisimiut, Grönland
Sortland, Norwegen
Split, Kroatien
St. Petersburg, Russland
Stavanger, Norwegen
Stockholm, Schweden
Stornoway, Schottland
Stromboli, Italien
Sydney, Australien
Takoradi, Ghana

Tallinn, Estland
Tauranga, Neuseeland
Teneriffa, Spanien
Toamasina, Madagaskar
Tórshavn, Färöer
Travemünde, Deutschland
Triest, Italien
Tromsö, Norwegen
Ushuaia, Argentinien
Valencia, Spanien
Valletta, Malta
Valparaiso, Chile
Varna, Bulgarien
Venedig, Italien
Vlorë, Albanien
Walfisch Bay, Namibia
Warnemünde, Deutschland
Wellington, Neuseeland
Zanzibar, Tansania

Weiteres Heiteres

Als Fisch geboren!

Wenn Sie es immer noch nicht satt haben, meine verbalen Ergüsse über sich ergehen zu lassen, dann kann Ihnen geholfen werden.

Weshalb sich mein Leben in diese chaotischen Bahnen entwickelt hat, das können Sie dies in meinem ersten Buch ergründen:

„Wenn Fische laufen lernen"

Lesenswert für alle Fische-Geborenen, deren Partner, Freunde, Verwandte – ach, einfach für alle, die einen gewissen Lebensstil entwickelt haben und nicht wissen, warum eigentlich!

Blut geleckt?

Die Evolution hat die Blutgruppen A, 0 und B erschaffen, damit sich der Mensch entsprechend der Umwelt anpassen kann. Als ihr nichts mehr einfiel, kam dann die unglaubliche Mischung AB zustande, die Nichtsahnende in Verwirrung stürzt und die Wissenden wohlangewandt in ihrem Schaffen unterstützt.

Sie ahnen es bereits: Ich bin AB!

Eine Zusammenfassung von wissenschaftlichen Thesen, beobachtetem Verhalten und erlebtem Chaos.

Mein nächstes Projekt:

„Die vierte der drei Gruppen"

Aktuelle Infos zum Buch: www.traumfisch.net